만만하게 시작하는
병음과 성조 중국어 첫걸음

만만하게 시작하는
병음과 성조 중국어 첫걸음

2016년 6월 15일 초판 1쇄 발행
2017년 2월 20일 초판 2쇄 발행

지은이 송미경
발행인 손건
편집기획 김상배, 홍미경
마케팅 이언영
디자인 김선옥
제작 최승용
인쇄 선경프린테크

발행처 **LanCom** 랭컴
주소 서울시 영등포구 영신로 38길 17
등록번호 제 312-2006-00060호
전화 02) 2636-0895
팩스 02) 2636-0896
홈페이지 www.lancom.co.kr

발음부터 기초 단어와 패턴 훈련까지 왕초보를 위한 중국어 첫걸음의 모든 것

만만하게
시작하는

송미경 지음

병음과 성조
중국어
첫걸음

LanCom
Language & Communication

이 책의 구성 및 특징

PART 2·3

PART 1

성조와 병음 단숨에 익히기

중국어의 병음은 영어의 발음기호에 해당한 것으로, 한자를 읽기 위해 로마자로 표기하는 것을 말합니다. 반면, 성조는 음의 높낮이, 즉 4개의 성조를 통해서 한자의 뜻을 구분하는 역할을 합니다. 병음은 현대 표준어인 보통화(普通話) 발음을 로마자 자모로 표기한 것으로, 우리말 자음에 해당하는 성모(21개)와, 모음에 해당하는 운모(36개)를 말합니다.

성모와 운모가 만났을 때

중국어 운모(모음)에는 단운모 이외에 복운모, 비운모, 권설운모, 결합운모가 있습니다. 여기서는 성모(자음)가 운모와 만났을 때 이루어지는 병음을 단어를 통해 확실하게 익힐 수 있도록 하였습니다.

경성과 성조변화 익히기

위에서 병음을 완벽하게 익힌 다음 PART 1에서 언급하지 않은 경성과 성조부호 표시 방법, 성조의 변화 등을 한꺼번에 익힐 수 있도록 하였으며, 아울러 얼화도 다루었습니다.

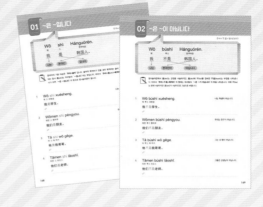

PART 5

PART 4

주제별 단어로 병음 익히기

여기서 제시한 단어들은 중국어 학습을 하는 데
있어서 기본적으로 반드시 알아야 할 단어이므로
한눈에 익히기 쉽도록 일상생활에서 쉽게 접할
수 있는 단어를 주제별로 엮었습니다. 중국어 발
음은 일단 굳어지면 여간해서 고치기가 어려우므
로 처음부터 올바른 발음을 접하는 것이 중요합
니다. 중국인의 발음을 몇번이고 따라 들으면서
자기 것으로 만들도록 합시다.

문장으로 중국어 익히기

중국어 문장을 이해하고 만드는 데 꼭 필요한 기
본적인 문법 패턴을 정리해 두었습니다. 자세한
문법 사항을 제시하기보다는 기본적인 개념을 문
장을 통해 습득하고 활용하는 데 도움이 되는 사
항에 중점을 두었으며, 반복되는 단어를 가지고
계속 변형된 문장을 만들어 봄으로써 다양한 문
장 유형들을 빠르게 익힐 수 있습니다.

모든 어학의 첫걸음은 발음부터 시작됩니다. 중
국어도 마찬가지로 병음과 성조를 제대로 익혀야
자신있게 첫걸음을 뗄 수 있습니다. 따라서, 이
책은 처음부터 끝까지 중국어 병음과 성조를 익
히기 위해 특별히 구성된 책으로 단어와 문장을
통해 완벽하게 익힐 수 있도록 구성하였습니다.
랭컴출판사 홈페이지(www.lancom.co.kr)에서
무료로 제공하는 MP3 파일로 중국인의 정확한
발음을 들을 수 있습니다.

차례

PART 1 성조와 병음 **단숨에 익히기**

PART 3 경성과 성조변화 익히기

PART 4 주제별 단어로 병음 익히기

PART **5**

문장으로 중국어 익히기

PART 1

성조와 병음
단숨에
익히기

01. 성조

중국어 성조에는 1성, 2성, 3성, 4성이 있으며 각각의 성조는 발음을 구성하는 매우 중요한 요소이므로 반드시 기억해야 합니다. 4성의 발음 요령은 다음과 같습니다.

① 성조의 발음 요령

제 1성   1성은 **높고 평평하게 끝까지 힘을 빼지 말고** '솔'의 음높이를 유지합니다.

제 2성   2성은 '미'의 음높이에서 '솔'로 **단숨에 끌어올리며 뒤쪽에 힘을 넣습니다.**

제 3성   3성은 '레'의 음높이에서 '도'로 **낮게 누른 후 가볍게 끝을 상승**시킵니다.

제 4성   4성은 '솔'의 음높이에서 **포물선을 그리듯 빠르게 '도'까지 떨어뜨립니다.**

② 성조의 발음 연습

다음의 성조표를 오선지라고 생각하고 성조를 연습해봅시다.

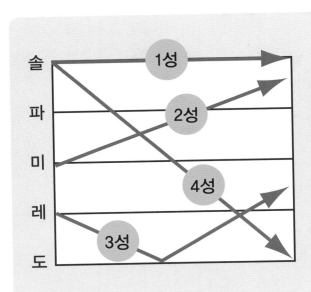

제 1성 : 妈 mā 엄마

제 2성 : 麻 má 삼베

제 3성 : 马 mǎ 말

제 4성 : 骂 mà 혼내다, 욕하다

발음연습 Check It Out!

1 성조에 유의하여 다음 병음을 녹음을 듣고 따라 읽으세요.

① ā   á   ǎ   à
② ē   é   ě   è
③ bō   bó   bǒ   bò
④ mē   mé   mě   mè
⑤ gū   gú   gǔ   gù

2 녹음을 듣고 맞는 것을 고르세요.

① ǎ (   )   à (   )
② bī (   )   bí (   )
③ páo (   )   pǎo (   )
④ bēng (   )   bèng (   )
⑤ kānfā (   )   kǎnfá (   )

3 녹음을 듣고 올바른 성조를 표기하세요.

① nin
② hē
③ wo
④ shi
⑤ xu

Answers **2.** ① ǎ ② bí ③ pǎo ④ bēng ⑤ kǎnfá
3. ① nín ② hē ③ wǒ ④ shì ⑤ xǔ

13

02. 운모

♣ 중국어 병음에서 운모는 우리말의 모음에 해당됩니다.
♣ 총 36개의 운모가 있으며, 발음 부위와 방법에 따라 단운모, 복운모, 비운모, 권설운모, 결합운모로 구분됩니다.

① 단운모

a	o	e	i	u	ü
[아]	[오어]	[으어]	[이]	[우]	[위]

② 복운모

ai	ei	ao	ou
[아이]	[에이]	[아오]	[어우]

③ 비운모

an	en	ang	eng	ong
[안]	[으언]	[앙]	[으엉]	[옹]

④ 권설운모

er
[얼]

a o e i(yi) u(wu) ü(yu)

운모 중 가장 기본이 되는 발음이며, 발음할 때 처음부터 끝까지 입 모양과 혀의 위치가 변하지 않는 것으로 여섯 가지가 있습니다.

 a [아] 입을 자연스럽게 벌려 우리말 [아]처럼 발음합니다.

 o [오어] 입을 반쯤 벌리고 혀는 중간 높이에 두고 입술을 둥글게 모아 [오]라고 발음하다가 [어] 발음도 살짝 붙여줍니다. 마치 입모양은 [오] 발음인데 소리는 [어] 발음을 내는 것처럼 한 음절에서 두 발음을 해줍니다.

 e [으어] 입을 반쯤 벌리고 혀는 중간 높이에 두고 [으]라고 발음하다가 끝에 살짝 [어] 발음을 붙여줍니다. 목과 혀뿌리에서 소리가 올라오는 느낌이 듭니다. 한어병음을 알파벳으로 표현하기 때문에 영어식 발음과 혼동하기 쉬운데 절대 영어의 [e] 발음이 아니라는 사실 기억해주세요.

 i [이] 입을 옆으로 벌리면서 우리말 [이]처럼 발음합니다. 그런데 앞에 오는 성모에 따라 [으]라고 발음하는 경우도 있습니다. 또 성모 없이 단독으로 한 음절을 이루면 발음은 [이]로 하되 표기는 **yi**로 해줍니다.

 u [우] 입술을 동그랗게 모은 상태에서 약간 앞으로 밀어주듯이 우리말 [우]처럼 발음합니다. 성모 없이 단독으로 쓰이면 **wu**라고 표기합니다.

 ü [위] **ü**를 발음할 때처럼 입술을 동그랗게 모은 상태에서 [위]라고 발음합니다. 이 때 중요한 것은 입술 모양은 그대로 유지해야 합니다. 즉 [위이]처럼 입술 모양이 옆으로 퍼지면 안 됩니다. 성모 없이 단독 음절을 이루면 **yu**라고 표기하고 위에 있던 [¨] 표시를 하지 않습니다.

āyí
[아이] 아주머니

Ōuzhōu
[어우쩌우] 유럽

étou
[으어터우] 이마

yīfu
[이푸] 옷

wūzi
[우즈] 방

yǔsǎn
[위싼] 우산

1 다음 병음을 녹음을 듣고 따라 읽으세요.

① bā   fǒ   é   ché

② chī   sì   rì   nǐ   jī

③ wǔ   dǔ   nǔ   zhū   cù

④ yú   jù   qǔ   xǔ   nǚ

⑤ ā   yī   shì   rú   lǜ

2 녹음을 듣고 운모에 유의하여 맞는 것을 고르세요.

① fó (   )   fú (   )

② nè (   )   nà (   )

③ cī (   )   qī (   )

④ yǐ (   )   yǔ (   )

⑤ lè (   )   lǜ (   )

3 녹음을 듣고 빈칸에 들어갈 운모(성조포함)를 채워 넣으세요.

① d___g___

② t___yù

③ b___lí

④ nǔp___

⑤ jíx___

Answers 2. ① fú ② nè ③ qī ④ yǔ ⑤ lè
3. ① dàgē ② tǐyù ③ bōlí ④ nǔpú ⑤ jíxū

ai ei ao ou

두 개의 단운모가 결합하여 이루어진 것으로, 입 모양과 혀의 위치는 발음을 시작할 때와 끝날 때
가 각각 다릅니다.

ai [아이]	입을 벌려 [**아**]를 발음한 상태에서 [**이**] 발음으로 마칩니다. 운모 **a**와 **i**가 결합되어 있는 형태로 [**아**]에 강세가 있어 길고 강하게 [**이**]는 짧고 약하게 발음합니다.
ei [에이]	모음 **e**는 성모와 만나면 [**으어**]로 발음하지만 뒤에 다른 운모와 결합하면 [**에**]로 발음합니다. 따라서 **ei**는 [**에**]로 시작해서 [**이**]로 끝나며, 앞에 있는 [**에**]를 강하게 뒤의 [**이**]는 약하게 발음합니다.
ao [아오]	[**아**]로 시작해서 [**오**]로 끝나는데 뒤에 오는 [**오**]는 [**오**]와 [**어**]의 중간 발음으로 둥글게 모은 입술을 풀어 가볍게 발음합니다.
ou [어우]	앞에 오는 **o**는 [**오**]와 [**어**]의 중간쯤으로 들리기 때문에 [**어우**]로 읽어주는 것이 맞지만, 성모와 함께 음절을 이루면 [**오우**]로 들리는 경우도 있습니다.

àiren

[아이런] 남편, 아내

bēizi

[뻬이즈] 컵

miànbāo

[미엔빠오] 빵

xiǎogǒu

[시아오거우] 강아지

17

발음연습 Check It Out!

1 다음 병음을 녹음을 듣고 따라 읽으세요.

① ài   lái   zhái

② gěi   nèi   běi

③ săo   răo   hăo

④ fŏu   shōu   còu

⑤ dài   shéi   āo   tóu

2 녹음을 듣고 운모에 유의하여 맞는 것을 고르세요.

① năi (   )   lěi (   )

② pāo (   )   pōu (   )

③ zăi (   )   zéi (   )

④ tài (   )   tào (   )

⑤ zhāo (   )   zhōu (   )

3 녹음을 듣고 빈칸에 들어갈 운모(성조포함)를 채워 넣으세요.

① kāngk_____

② m_____dòu

③ wǔd_____

④ Ōuzh_____

⑤ b_____b_____

Answers 2. ① năi ② pōu ③ zéi ④ tào ⑤ zhāo
3. ① kāngk<u>ăi</u> ② m<u>áo</u>dòu ③ wǔd<u>ăo</u> ④ Ōuzh<u>ōu</u> ⑤ b<u>ăi</u>b<u>èi</u>

an en ang eng ong

단운모에 비음인 **n, ng**가 결합하여 이루어진 것으로 입 모양과 혀의 위치는 시작할 때와 끝날 때 가 각각 다릅니다.

an	[안]	입을 벌려 발음하는 [**아**]에 **n**을 붙여 우리말 [**안**]처럼 발음합니다.
en	[으언]	**e**모음 다음에 **n**이나 **ng**이 와서 하나의 운모를 만들면 앞에 오는 **e**는 [**으어**]로 발음합니다. **en**은 [**으어**]로 시작해서 **n**으로 끝나 우리말 [**으언**]처럼 발음하되 짧게 한 음절로 발음합니다.
ang	[앙]	**a**로 시작하여 **ng**가 오면 [**앙**]으로 발음하는데 이때 목에서 나온 공기가 코로 들어가는 콧소리 느낌이 납니다.
eng	[으엉]	**e** 다음에 **ng**가 오면 앞의 **e**는 [**으어**]로 발음합니다. 이 **eng** 역시 콧소리 느낌으로 [**으엉**]으로 발음하되 길게 끌지 않고 한 음절로 짧게 발음합니다.
ong	[옹]	앞에 오는 **o**의 [**오**]와 [**우**]의 중간 발음으로 시작해서 콧소리 **ng**으로 끝나는 발음입니다.

hǎi'àn
[하이안] 해안

běnzi
[번즈] 노트

yínháng
[인항] 은행

táidēng
[타이떵] 스탠드

niǎolóng
[니아오롱] 새장

1 다음 병음을 녹음을 듣고 따라 읽으세요.

① bàn   ān   zhàn
② gēn   rén   fén
③ máng   làng   chàng
④ shēng   téng   pèng
⑤ zhǒng   sōng   zōng

2 녹음을 듣고 운모에 유의하여 맞는 것을 고르세요.

① nán (   )   nǎng (   )
② cēn (   )   cēng (   )
③ chén (   )   chóng (   )
④ kàng (   )   kòng (   )
⑤ hǎn (   )   hěn (   )

3 녹음을 듣고 빈칸에 들어갈 운모(성조포함)를 채워 넣으세요.

① zh_____shèng
② gōngn_____
③ b_____néng
④ d_____gtiān
⑤ t_____d_____

Answers 2. ① nǎng ② cēng ③ chén ④ kòng ⑤ hǎn
3. ① zhànshèng ② gōngnéng ③ běnnéng ④ dōngtiān ⑤ tǎndàng

권설운모

er

권설운모는 혀를 말아서 하는 운모로 **er** 하나밖에 없습니다. 발음은 '얼'이지만 우리말의 '얼'이 아닌 영어의 **r**을 좀 더 굴려서 발음하며, 다른 성모와 결합해서 발음하지 않습니다.

er [얼]

[**으어**] 발음에 혀를 들어 올려 발음하는 **r**을 추가하여 [**얼**]로 발음합니다. **er**은 성모 없이 단독으로 표기하며 성모와 같이 쓰이지 않습니다. 다만 일부 단어 뒤에서 **얼화운**을 만들기도 합니다. 예를 들어 '괜찮다'는 뜻의 **méishi**[메이쓰]를 끝에 r을 더하여 **méishìr**[메이썰]로 말하는 습관이 있습니다. 그런데 앞에 온 말이 **fànguǎn**[판구안]처럼 **n** 발음으로 끝나면 이 **n** 발음이 탈락하고 **fànguǎr**[판구알]로 변합니다.

※ 권설음화 된 단어는 하나의 단어처럼 읽는 것이 자연스럽습니다. 그리고 권설음이 아닌 단어가 권설음으로 변하면 품사가 변하거나 의미 자체가 변하는 경우도 있습니다. 예를 들어 **nà**[나] 하면 '저기, 저것'이라는 지시대명사의 의미이지만 **nàr**[날]이라고 하면 '그곳'이라는 장소를 나타내는 의미가 됩니다.

※ 자세한 것은 116쪽 '얼화'를 참조하세요.

ěrduo[얼두어] 귀

발음연습 Check It Out!

1 다음 병음을 녹음을 듣고 따라 읽으세요.

① èr   ěr   ér

② fěnmòr   xiǎoháir

③ hǎowánr   dànhuángr

④ yǒuqùr

⑤ yúcìr

2 녹음을 듣고 운모에 유의하여 맞는 것을 고르세요.

① huā (   )   huār (   )

② yìdiǎn (   )   yìdiǎnr (   )

③ shì (   )   shìr (   )

④ nàr (   )   nà (   )

⑤ yǒuqùr (   )   yǒuqù (   )

3 녹음을 듣고 빈칸에 들어갈 운모(성조포함)를 채워 넣으세요.

① yíkuài____

② fànguàn____

③ xìnf_____

④ xiǎoy_____

⑤ yǒush_____

Answers 2. ① huār ② yìdiǎnr ③ shì ④ nà ⑤ yǒuqùr
3. ① yíkuàir ② fànguànr ③ xìnfēngr ④ xiǎoyǔr ⑤ yǒushìr

03. 성모

◇◇◇◇◇◇◇◇◇

성모는 우리말의 자음에 해당하는 부분으로 모두 21개로 이루어져 있습니다.

① 쌍순음

bo	po	mo	fo
[뽀어]	[포어]	[모어]	[포어]

② 설첨음

de	te	ne	le
[뜨어]	[트어]	[느어]	[르어]

③ 설근음

ge	ke	he
[끄어]	[크어]	[흐어]

④ 설면음

ji	qi	xi
[지]	[치]	[시]

⑤ 권설음

zhi	chi	shi	ri
[즈]	[츠]	[스]	[르]

⑥ 설치음

zi	ci	si
[쯔]	[츠]	[쓰]

23

01 쌍순음

b p m f + o

b, p, m는 입술을 붙였다 떼면서 내는 소리이고, f는 윗니를 아랫입술에 살짝 물었다 떼어내며 내는 소리[순치음]입니다. 모두 운모 o[오어]와 같이 발음합니다.

bo [뽀어]
성조에 따라 우리말의 [ㅃ]이나 [ㅂ]과 같이 발음하되 운모 o[오어]와 같이 쓰이면 [뽀]가 아닌 [뽀어]로 약간 길게 끌어 줍니다.

po [포어]
두 입술을 다문 상태에서 우리말 [ㅍ] 발음을 강하게 해줍니다. 역시 [포어]로 길게 끌어 줍니다.

mo [모어]
우리말 [ㅁ]에 해당하는 발음으로 입술을 붙였다 떼면서 [모어]로 발음합니다.

fo [포어]
윗니를 아랫입술을 살짝 물었다 떼어 내며 영어의 f와 같이 발음합니다. p와 f의 발음은 우리말로 같은 [포어]로 표기할 수밖에 없지만 발음하는 방법이 근본적으로 달라 유의해야 합니다.

bōli
[뽀어리] 유리

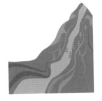
shānpō
[샨포어] 산비탈

mógu
[모어구] 버섯

fójiào
[포어찌아오] 불교

1   다음 병음을 녹음을 듣고 따라 읽으세요.

① bá   pǐ   mì   fǎ

② fàn   fēi

③ pó   píng

④ bǔ   biǎn

⑤ mó   miǎo

2   녹음을 듣고 성모에 유의하여 맞는 것을 고르세요.

① pā (   )   bā (   )

② pǔ (   )   fǔ (   )

③ mó (   )   fó (   )

④ dù (   )   bù (   )

⑤ fàn (   )   pàn (   )

3   녹음을 듣고 빈칸에 들어갈 성모를 채워 넣으세요.

① ___āzhǎn

② bì___iǎn

③ ___ùbù

④ ___ōshì

⑤ ___ī___ò

Answers 2. ① pā ② fǔ ③ mó ④ bù ⑤ fàn
         3. ① fāzhǎn ② bìmiǎn ③ pùbù ④ bōshì ⑤ bīpò

d t n l ＋ e

혀끝을 윗잇몸 안쪽에 붙였다 떼면서 내는 소리로 운모 **e**[으어]와 같이 읽어줍니다.

de [뜨어]
성조에 따라 우리말 발음 [ㄸ] 혹은 [ㄷ]처럼 발음합니다. 중국어에서 운모 **e**의 발음은 [에]가 아니라 [**으어**]이므로 [**뜨어**] 혹은 [**드어**]가 됩니다.

te [트어]
발음하는 방법은 **de**와 같지만 보다 강하게 우리말 [ㅌ]처럼 발음합니다.

ne [느어]
우리말 [ㄴ]과 비슷한데 **de**와 같은 방법으로 발음하면 코와 머리에서 소리가 울리는 느낌이 듭니다.

le [르어]
혀를 윗잇몸에 붙였다 떼면서 우리말 [ㄹ]과 비슷하게 발음합니다. 이 발음은 영어의 **r**처럼 혀를 꼬아주지 않고, 우리말 [**랄랄라**]를 말하듯이 혀를 가볍게 붙였다 떼어줍니다.

Déguó
[드어구어] 독일

tèkuài
[트어쿠아이] 특급열차

niúnǎi
[니우나이] 우유

làjiāo
[라찌아오] 고추

1   다음 병음을 녹음을 듣고 따라 읽으세요.

① dà   tī   nǎ   là

② dé   dài

③ tā   tǒu

④ nèi   néng

⑤ liǎo   lüè

2   녹음을 듣고 성모에 유의하여 맞는 것을 고르세요.

① nǔ (   )   lǔ (   )

② dī (   )   tī (   )

③ me (   )   ne (   )

④ lǎ (   )   nǎ (   )

⑤ bāng (   )   māng (   )

3   녹음을 듣고 빈칸에 들어갈 성모를 채워 넣으세요.

① nǔ____ì

② ní____ào

③ ____ǔdi

④ miàn____uì

⑤ ____ǎo____iāo

Answers 2. ① nǔ ② tī ③ ne ④ lǎ ⑤ bāng
         3. ① nǔlì ② nínào ③ tǔdi ④ miànduì ⑤ lǎodiāo

g k h ＋ e

혀뿌리로 목구멍을 막았다가 열어주면서 내는 소리로 운모 **e[으어]**와 같이 발음합니다.

ge	[끄어]	성조에 따라 우리말 발음 [ㄲ]이나 [ㄱ]처럼 발음합니다. 이때 혀뿌리로 목구멍을 막았다가 열어주며 운모 **e[으어]**와 같이 발음하면 **[끄어]**로 들립니다.
ke	[크어]	**ge**와 발음하는 방법은 같지만 우리말 [ㅋ]처럼 강하게 발음합니다.
he	[흐어]	혀뿌리로 목을 살짝 막은 상태에서 공기를 목구멍 밖으로 내보내면서 **[흐어]**라고 발음합니다. 단순하게 **[허]**라고 발음하는 것과 차이를 느낄 수 있을 겁니다.

gēge
[끄어거] 형, 오빠

kělè
[크어르어] 콜라

hézi
[흐어즈] 상자, 박스

발음연습 Check It Out!

1 다음 병음을 녹음을 듣고 따라 읽으세요.

① gǔ   kà   hā

② gǎi   gāng

③ hěn   hòu

④ kǎo   kòng

⑤ dǎhāqian

2 녹음을 듣고 성모에 유의하여 맞는 것을 고르세요.

① gāi (   )   kai (   )

② hēi (   )   fēi (   )

③ mái (   )   hái (   )

④ gāng (   )   hǎng (   )

⑤ hěng (   )   kěng (   )

3 녹음을 듣고 빈칸에 들어갈 성모를 채워 넣으세요.

① ___émìng

② shàng___è

③ lǎo___ǔ

④ ___ù___ǒu

⑤ ___ū'ér

Answers 2. ① gāi ② hēi ③ hái ④ hǎng ⑤ kěng
         3. ① gémìng ② shàngkè ③ lǎohǔ ④ hùkǒu ⑤ gū'ér

※ 격음부호「 ' 」: a, e, o로 시작하 음절의 앞에 다른 음절이 있을 경우, 두 음절의 경계를 구분하기 위해 격음부호「 ' 」
  를 사용한다. gū'ér에서「 ' 」이 표기가 바로 격음부호이다. 예를 들면 Tiān'ānmén(천안문)과 같다.

j q x + i

혀를 넓게 펴고 입을 옆으로 벌려 내는 소리로 운모 **i**와 결합시켜 [**지, 치, 시**]로 소리를 내주면 됩니다.

혓바닥

 ji [지] | 입을 옆으로 벌리고 혀를 펴서 우리말 [**지**]처럼 발음합니다.

 qi [치] | 같은 방법으로 입김을 강하게 내면서 우리말 [**치**]처럼 발음합니다.

 xi [시] | 입을 옆으로 벌리고 우리말 [**시**]처럼 발음합니다. 간혹 영어 발음의 **c**처럼 강하게 발음하는 경우가 있는데, 중국어에서 이 발음은 우리말 [**시**어머니]나 [**시**집]처럼 [**ㅅ**]에 가깝습니다.

※ 성모 **j q x**가 운모 **ü**와 결합하면 위의 점 두 개가 생략되어 **ju qu xu** 이런 식으로 표기한다. 그러므로 발음할 때도 [**우**]가 아닌 [**위**]로 발음하므로 주의하자.

jīdàn
[지딴] 계란

qìchē
[치처] 자동차

xīguā
[시꾸아] 수박

1   다음 병음을 녹음을 듣고 따라 읽으세요.

① jū   qù   xǔ

② jiǎo   jiāng

③ qiū   qiǒng

④ xué   xún

⑤ jùxù

2   녹음을 듣고 성모에 유의하여 맞는 것을 고르세요.

① jiàn (   )   qiān (   )

② xià (   )   qiǎ (   )

③ xíng (   )   jìng (   )

④ jiǒng (   )   xiǒng (   )

⑤ diù (   )   jiù (   )

3   녹음을 듣고 빈칸에 들어갈 성모를 채워 넣으세요.

① yóu___ú

② ___údào

③ ___uéxí

④ qǔ___ǐ

⑤ ___ì___ù

Answers 2. ① jiàn ② qiǎ ③ xíng ④ jiǒng ⑤ jiù
        3. ① yóujú ② gúdào ③ xuéxí ④ qǔjǐ ⑤ jìxù

05 권설음

zh ch sh r + i

입속에서 혀를 들어 올려 입천장과 혀 사이에 공간을 만들어 내는 소리입니다. 우리 말에 없는 발음이라 처음에는 힘들지만 반복해서 연습하면 곧 익숙해집니다. 영어 의 **r** 발음이라 생각하면 됩니다. 운모 i[으]와 같이 쓰입니다.

zhi   [즈]   먼저 입모양을 [으] 발음으로 만든 후 혀를 들어 입천장에 닿을 듯 말듯 올려주면 그 사 이에 공간이 생깁니다. 그 상태에서 [으] 발음을 하면서 숨을 내쉬면 입속에서 공기가 마 찰하는 느낌이 듭니다. 그때 우리말 [ㅈ]처럼 [즈]라고 발음하면 영어식 **r** 발음과 비슷하 게 [즈]라는 소리가 들립니다.

chi   [츠]   같은 방법으로 [츠]라고 발음합니다. **zhi** 발음보다 혀에 다소 강한 힘이 들어갑니다.

shi   [스]   역시 같은 방법으로 [스]라고 발음하면 공기가 마찰되는 느낌이 듭니다.

ri   [르]   혀끝을 뒤쪽으로 더 말아 올려 입천장 쪽으로 가까이 보내 우리말 [르]처럼 발음합니다.

guǒzhī
[구어즈] 과일주스

chīfàn
[츠판] 밥을 먹다

lǎoshī
[라오스] 선생님

Rìběn
[르번] 일본

1 다음 병음을 녹음을 듣고 따라 읽으세요.

① zhū   chǔ   shù   rǔ

② zhē   zhèi

③ chā   chuǎi

④ shé   shùn

⑤ ruò   réng

2 녹음을 듣고 성모에 유의하여 맞는 것을 고르세요.

① zēn (   )   zhēn (   )

② chóng (   )   cóng (   )

③ suì (   )   shuì (   )

④ rùn (   )   lùn (   )

⑤ zázhì (   )   zájì (   )

3 녹음을 듣고 빈칸에 들어갈 성모를 채워 넣으세요.

① xiāo_____ī

② xīngqī___ì

③ _____ékǒu

④ _____īfàn

⑤ _____ú_____ī

z c s + i

혀끝을 앞니 뒤에 붙였다 떼면서 내는 소리로 우리말에서 [**쯔쯔**] 하고 혀를 차면서 하는 소리와 비슷합니다. 운모 i[으]와 같이 한 음절을 이룹니다. 운모 i는 앞에 오는 성모에 따라 [이] 또는 [으]로 발음하므로 주의하세요.

zi	[쯔]	혀끝을 앞니 뒤에서 붙였다 떼면서 우리말 [ㅉ]처럼 발음합니다.

ci	[츠]	마찬가지 요령으로 우리말 [ㅊ]처럼 발음합니다.

si	[쓰]	우리말 [ㅆ]와 같이 윗니와 아랫니 사이로 공기를 내보내듯 강하게 발음합니다.

※ 성모 **zh ch sh r / z c s**는 운모 i와 결합하면 [이] 발음이 아닌 [으]로 발음하므로 주의하도록 한다.

Hànzì

[한쯔] 한자

cídiǎn

[츠디엔] 사전

sīchóu

[쓰처우] 비단, 실크

1 다음 병음을 녹음을 듣고 따라 읽으세요.

① zù   cú   sǔ

② zài   zǒng

③ sēn   suì

④ cēn   cuàn

⑤ xuǎnzé

2 녹음을 듣고 성모에 유의하여 맞는 것을 고르세요.

① suǒ (   )   cuǒ (   )

② zhū (   )   zū (   )

③ sè (   )   cè (   )

④ zī (   )   sī (   )

⑤ xiǎn (   )   sǎn (   )

3 녹음을 듣고 빈칸에 들어갈 성모를 채워 넣으세요.

① lèi___ǐ

② ___ázhì

③ ___ūxīn

④ ___è___uǒ

⑤ ___ǐxì

Answers 2. ① cuǒ ② zū ③ sè ④ zī ⑤ sǎn
3. ① lèi<u>s</u>ǐ ② <u>z</u>ázhì ③ <u>c</u>ūxīn ④ <u>c</u>è<u>s</u>uǒ ⑤ <u>z</u>ǐxì

04. 결합운모

① i결합운모

ia (ya) [이아]	iao (yao) [이아오]	ie (ye) [이에]	iou (you)(-iu) [이어우]	ian (yan) [이엔]
in (yin) [인]	iang (yang) [이앙]	ing (ying) [잉]	iong (yong) [이용]	

② u결합운모

ua (wa) [우아]	uo (wo) [우어]	uai (wai)(-ui) [우아이]	uei (wei) [우에이]	uan (wan) [우안]
uen (wen)(-un) [우언]	uang (wang) [우앙]	ueng (weng) [우엉]		

③ ü결합운모

üe (yue) [위에]	üan (yuan) [위엔]	ün (yun) [윈]

ia iao ie iou

운모가 단독으로 한 음절을 만들면 발음은 같아도 표기법이 달라집니다. **i**로 시작하는 음절은 **y**로 바꾸고 **i** 모음 하나만 있으면 **yi**로 바꿉니다.

ia	[이아]	우리말의 [**이아**]처럼 발음하되 [**이**]는 짧게 [**아**]를 길게 합니다. **ia**가 성모 없이 독립적인 음절을 이루면 **ya**라고 표기하고 [**야**]로 발음합니다.
iao	[이아오]	우리말의 [**이아오**]처럼 발음하는데 [**아**]를 강하게 합니다. 우리말로 표기하자면 [**이아오**]로 길지만 성모와 같이 쓰여 한 음절을 이루기 때문에 실제 발음은 짧은 시간에 이루어집니다. 성모 없이 단독으로 쓰이면 **yao**로 표기하고 [**야오**]로 발음합니다.
ie	[이에]	첫소리는 [**이**]로 시작해서 [**에**]로 끝마칩니다. **e**는 다른 운모와 만나면 [**에**]로 발음합니다. 또 성모 없이 단독으로 쓰이면 **ye**로 표기합니다.
iou	[이어우]	**i**와 **ou**가 만나 하나의 운모가 된 형태로 [**이어우**]로 발음합니다. 그런데 이 운모는 성모와 만나 음절을 이루면 **iu**로 표기합니다. 예를 들면 **j+iou=jiu**[**지여우**], **n+iou+niu**[**니여우**]로 표기하지요. 하지만 발음은 가운데 **o**가 없어지지 않고 살아있습니다. 또 성모 없이 단독으로 쓰이면 **you**로 표기하고 [**여우**]로 발음합니다.

yágāo
[야까오] 치약

yàoshi
[야오스] 열쇠

yéye
[이에이에] 할아버지

yóupiào
[여우피아오] 우표

37

발음연습 Check It Out!

1 다음 병음을 녹음을 듣고 따라 읽으세요.

① yā   yào   yě   yǒu

② xià   jiā   qià

③ xiǎo   biào   liǎo

④ miè   liè   jiě

⑤ niǔ   jiù   diū

2 녹음을 듣고 운모에 유의하여 맞는 것을 고르세요.

① xià ( )   xiè ( )

② liě ( )   niě ( )

③ diāo ( )   diū ( )

④ niǎo ( )   niǎn ( )

⑤ qié ( )   qiú ( )

3 녹음을 듣고 빈칸에 들어갈 운모(성조포함)를 채워 넣으세요.

① l_____jiě

② j_____yóu

③ jiāox_____

④ m___xī

⑤ x_____l_____

Answers 2. ① xià ② niě ③ diāo ④ niǎo ⑤ qiú
3. ① liǎojiě ② jiāyóu ③ jiāoxiū ④ mièxī ⑤ xiāoliú

38

ian in iang ing iong

운모가 단독으로 한 음절을 만들면 발음은 같아도 표기법이 달라집니다. **i**로 시작하는 음절은 **y**로 바꾸고 **i** 모음 하나만 있으면 **yi**로 바꿉니다.

ian [이엔]   **i**와 **an**이 결합한 운모지만 [**이안**]이 아닌 [**이엔**]으로 발음합니다. 성모 없이 단독으로 쓰이면 **yan**으로 표기합니다.

in [인]   우리말의 [**인**]처럼 발음합니다. 단독으로 쓸 경우 **yin**으로 표기합니다.

iang [이양]   [**이**]로 시작하여 [**이양**]으로 발음합니다. 성모 없이 단독으로 쓰면 **yang**으로 표기하고 [**양**]으로 발음합니다.

ing [잉]   콧소리가 들어간 **ng**로 끝나는 발음으로 실제 [**이응**]이나 [**이엉**]으로 들리기도 합니다. 성모 없이 단독으로 쓰면 **ying**으로 표기합니다.

iong [이용]   역시 콧소리가 들어간 **ng**로 끝나는 발음으로 [**이용**] 혹은 [**이융**]으로 들립니다. 성모 없이 단독으로 쓰면 **yong**으로 표기하고 [**용**]으로 줄여서 발음합니다.

yǎnjìng
[이엔찡] 안경

dǎyìnjī
[다인찌] 프린터

tàiyáng
[타이양] 태양

diànyǐng
[띠엔잉] 영화

yóuyǒng
[여우용] 수영

발음연습 Check It Out!

1   다음 병음을 녹음을 듣고 따라 읽으세요.

① yān   bián   xiàn

② yīn   mīn   xìn

③ yǎng   xiǎng   liàng

④ yìng   nǐng   dīng

⑤ yǒng   jiǒng   qiǒng

2   녹음을 듣고 운모에 유의하여 맞는 것을 고르세요.

① xiàn (   )   xiàng (   )

② jiǎng (   )   jiǒng (   )

③ nín (   )   níng (   )

④ piān (   )   pīn (   )

⑤ tìng (   )   tiàn (   )

3   녹음을 듣고 빈칸에 들어갈 운모(성조포함)를 채워 넣으세요.

① q_____xiāng

② tiānq_____

③ x_____qiāng

④ j_____qiáng

⑤ y_____y_____

Answers **2.** ① xiàng ② jiǒng ③ nín ④ piān ⑤ tìng
3. ① qīngxiāng ② tiānqióng ③ xīnqiāng ④ jiānqiáng ⑤ yíngyǎng

ua uo uai uei

역시 운모가 단독으로 한 음절을 만들면 발음은 같아도 표기법이 달라집니다. **u**로 시작하는 운모는 **u**를 **w**로 바꿔줍니다.

ua	[우아]	우리말 [**우아**]처럼 발음하되 [**우**]보다 [**아**]를 더 길고 강하게 해줍니다. 성모 없이 단독으로 쓰이면 **wa**로 표기하고 [**와**]로 발음합니다.
uo	[우어]	입을 앞으로 내밀어 둥글게 말아 [**우어**]로 발음합니다. [**어**]는 [**어**]와 [**우**]의 중간음이라고 생각하면 됩니다. 성모 없이 단독으로 쓰면 **wo**로 표기하고 [**워**]로 발음합니다.
uai	[우아이]	입을 앞으로 내밀어 둥글게 말아 [**우아이**]로 발음하되 [**아**]에 강세를 둡니다. 성모가 없는 경우 **wai**로 표기하고 [**와이**]로 발음합니다.
uei	[우에이]	역시 입을 앞으로 내밀어 [**우에이**]로 발음하고 성모와 만나면 **ui**로 표기합니다. 예를 들어 **d+uei=dui**[**뚜에이**], **g+uei=gui**[**꾸에이**]와 같이 한어병음표기는 **ui**로 하되 실제 발음은 가운데 사라진 **e**[**에**]를 유지합니다. 성모가 없으면 **wei**로 표기하고 [**웨이**]로 발음합니다.

wáwa

[와와] 인형

huǒchē

[후어처] 기차

kuàizi

[쿠아이즈] 젓가락

yīguì

[이꾸에이] 옷장

1   다음 병음을 녹음을 듣고 따라 읽으세요.

① wā   wǒ   wài   wèi

② zhuā   guā   huà

③ duǒ   ruò   chuò

④ huài   guǎi   shuài

⑤ zuì   suí   chuī   ruì

2   녹음을 듣고 운모에 유의하여 맞는 것을 고르세요.

① ruì (   )   ruò (   )

② huài (   )   huì (   )

③ suǒ (   )   suǐ (   )

④ zhuī (   )   zhuā (   )

⑤ chuā (   )   chuō (   )

3   녹음을 듣고 빈칸에 들어갈 운모(성조포함)를 채워 넣으세요.

① w＿＿＿＿＿qū

② sh＿＿＿＿＿huà

③ h＿＿＿＿＿shuǐ

④ c＿＿＿＿＿ruò

⑤ t＿＿＿＿＿sh＿＿＿＿＿

uan uen uang ueng

역시 운모가 단독으로 한 음절을 만들면 발음은 같아도 표기법이 달라집니다. **u**로 시작하는 운모는 **u**를 **w**로 바꿔줍니다.

uan [우안]		입을 모아 앞으로 내민 상태에서 [**우안**]으로 발음합니다. 역시 강세는 **a**에 둡니다. 성모 없이 쓰면 **wan**으로 표기하고 [**완**]으로 발음합니다.

uen [우언]		**uen**은 **u**와 **en**이 결합하여 만들어진 발음이므로 정확한 발음은 [**우언**]이고 성모 없이 단독으로 쓰이면 **wen**으로 표기합니다. 하지만 **uen**이 성모와 만나면 **un**으로 표기하고 발음이 [**운**]에 가깝게 변합니다. 예를 들어 **d+uen=dun**[**뚠**], **k+uen=kun**[**쿤**]으로 변하는 것입니다. 그러나 중국인의 발음을 주의 깊게 들어보면 사이에 **e**발음이 약간 들어있어 [**뚜언**], [**쿠언**]으로 들립니다.

uang [우앙]		우리말 [**우앙**]처럼 발음하고 성모 없이 단독으로 음절을 만들면 **wang**으로 표기하고 [**왕**]으로 발음합니다.

ueng [우엉]		우리말 [**우엉**]처럼 발음하고 성모 없이 단독으로 쓰이면 **weng**으로 표기하고 [**윙**]으로 발음합니다.

fànguǎn
[판구안] 식당

wēndù
[원뚜] 온도

wǎngqiú
[왕치우] 테니스

fùwēng
[푸웡] 부자

발음연습 Check It Out!

1　다음 병음을 녹음을 듣고 따라 읽으세요.

① wǎn　　　　wèn　　　　wáng

② duǎn　　　　ruàn　　　　chuān

③ shùn　　　　tùn　　　　gūn

④ zhuāng　　　huáng　　　chuáng

⑤ wēng

2　녹음을 듣고 운모에 유의하여 맞는 것을 고르세요.

① shuān (　　　)　　　　　shuāng (　　　　)

② ruàn (　　　)　　　　　ràng (　　　)

③ huàn (　　　)　　　　　hàn (　　　)

④ wēng (　　　)　　　　　āng (　　　)

⑤ chūn (　　　)　　　　　chuān (　　　)

3　녹음을 듣고 빈칸에 들어갈 운모(성조포함)를 채워 넣으세요.

① zh_____zhù

② fùw_____

③ w_____jì

④ húnd_____

⑤ h_____m_____

Answers　2. ① shuāng　② ruàn　③ huàn　④ wēng　⑤ chuān
　　　　3. ① zhuànzhù　② fùwēng　③ wǎngjì　④ húndùn　⑤ huāngmáng

üe   üan   ün

üe, üan, ün은 운모 ü와 다른 운모가 결합해서 만들어진 결합운모로 운모가 단독으로 쓰일 때는 yue, yuan, yun으로 표기합니다.

üe [위에]	ü의 [위] 발음과 e의 [에] 발음이 결합한 형태로 우리말 [위에]처럼 발음합니다. 이때 ü의 발음 [위]는 입술을 내밀어 둥글게 모은 모양을 유지해야 합니다. 성모 없이 단독으로 쓸 경우에는 yue로 표기합니다.	

üan [위엔]	입술 모양을 둥글게 모은 상태에서 [위] 발음을 하고 [이엔]을 붙어줍니다. 중국에서는 [위안]에 가깝게 발음하기도 합니다. 성모 없이 단독으로 쓰면 yuan으로 표기합니다.	

ün [윈]	ü 발음에 n을 붙여서 [윈]으로 발음하는데, 역시 입술 모양에 주의해야 합니다. 단독으로 쓸 때는 yun으로 표기합니다.	

yuèliang
[위에리앙] 달

yīyuàn
[이위엔] 병원

qúnzi
[췬즈] 치마

1　다음 병음을 녹음을 듣고 따라 읽으세요.

① yuè　　　　　yuǎn　　　　　yūn

② nüè　　　　　lüè　　　　　　xué

③ juān　　　　　quàn　　　　　xuǎn

④ jūn　　　　　qún　　　　　　xūn

⑤ lüèduó　　　　nüèdài

2　녹음을 듣고 운모에 유의하여 맞는 것을 고르세요.

① nüè (　　　)　　　　　　niè (　　　)

② quān (　　　)　　　　　qiān (　　　)

③ xīn (　　　)　　　　　　xūn (　　　)

④ yǔ (　　　)　　　　　　yǔn (　　　)

⑤ quān (　　　)　　　　　qūn (　　　)

3　녹음을 듣고 빈칸에 들어갈 운모(성조포함)를 채워 넣으세요.

① qīnl_____

② jiāoj_____

③ x_____táo

④ y_____liàng

⑤ x_____xiào

Answers　2. ① nüè ② quān ③ xūn ④ yǔn ⑤ quān
3. ① qīnlüè ② jiāojuǎn ③ xūntáo ④ yuánliàng ⑤ xuéxiào

PART 2

성모와
윤모가
만났을 때

baba

bōli

búyòng

bízi

01. 성모와 단운모가 만났을 때

성모 \ 단운모	a[아]	o[오어]	e[으어]	i[이]	u[우]	ü[위]
b[ㅂ뻐]	ba[빠]	bo[뽀어]		bi[삐]	bu[뿌]	
p[ㅍ]	pa[파]	po[포어]		pi[피]	pu[푸]	
m[ㅁ]	ma[마]	mo[모어]	me[므어]	mi[미]	mu[무]	
f[ㅍ]	fa[파]	fo[포어]			fu[푸]	
d[ㄷ뜨]	da[따]		de[뜨어]	di[띠]	du[뚜]	
t[ㅌ]	ta[타]		te[트어]	ti[티]	tu[투]	
n[ㄴ]	na[나]		ne[느어]	ni[니]	nu[누]	nü[뉘]
l[ㄹ]	la[라]		le[르어]	li[리]	lu[루]	lü[뤼]
g[ㄱ끄]	ga[까]		ge[끄어]		gu[꾸]	
k[ㅋ]	ka[카]		ke[크어]		ku[쿠]	
h[ㅎ]	ha[하]		he[흐어]		hu[후]	
j[ㅈ]	ji[지]					ju[쥐]
q[ㅊ]	qi[치]					qu[취]
x[ㅅ]	xi[시]					xu[쉬]
zh[ㅈ]	zha[자]		zhe[저]	zhi[즈]	zhu[주]	
ch[ㅊ]	cha[차]		che[처]	chi[츠]	chu[추]	
sh[ㅅ]	sha[사]		she[셔]	shi[스]	shu[수]	
r[ㄹ]			re[르어]	ri[르]	ru[루]	
z[ㅉ]	za[짜]		ze[쩌]	zi[쯔]	zu[쭈]	
c[ㅊ]	ca[차]		ce[처]	ci[츠]	cu[추]	
s[ㅆ]	sa[싸]		se[쓰어]	si[쓰]	su[쑤]	

01 b p m f + a o e i u

b

ba[빠]   **bo**[뽀어]   **bi**[삐]   **bu**[뿌]

bàba
[빠바] 아버지

bōli
[뽀어리] 유리

bízi
[비즈] 코

búyòng
[부융] ~할 필요 없다

※ [ㅃ] 혹은 [ㅂ]으로 발음합니다. 성조가 1성이나 4성일 경우 발음이 강하기 때문에 [ㅃ]으로, 2성이나 3성, 경성일 경우 약하게 [ㅂ]으로 발음합니다.

p

pa[파]   **po**[포어]   **pi**[피]   **pu**[푸]

páshān
[파샨]
등산하다

shānpō
[샨포어]
산비탈

píjiǔ
[피지어우]
맥주

pútáo
[푸타오]
포도

m

ma[마]   **mo**[모어]   **me**[므어]   **mi**[미]   **mu**[무]

māma
[마마]
엄마

zhōumò
[쩌우모어]
주말

shénme
[션머]
무엇

mǐfàn
[미판]
쌀밥

mǔqīn
[무친]
어머니

※ **me**의 원 발음은 [므어]지만 빨리 발음하면 [머]로 들립니다.

f

fa[파]   **fo**[포어]   **fu**[푸]

Fǎguó
[파구어]
프랑스

Fójiào
[포어찌아오]
불교

dàifu
[따이푸]
의사

d

da[따]	**de**[뜨어]	**di**[띠]	**du**[뚜]

dàxué	**shìde**	**dìdi**	**dùzi**
[따쉬에] 대학	[스더] 그렇다	[띠디] 남동생	[뚜즈] 배

※ 성조에 따라 [ㄸ] 혹은 [ㄷ]으로 발음합니다. 보통 1성과 4성일 경우 [ㄸ]로, 2성, 3성 혹은 경성일
경우 [ㄷ]으로 발음합니다.

t

ta[타]	**te**[트어]	**ti**[티]	**tu**[투]

tāmen	**tèkuài**	**shēntǐ**	**tùzi**
[타먼] 그들	[트어쿠아이] 특급열차	[션티] 몸	[투즈] 토끼

※ [트]는 길게 [어]는 짧게 발음하면 [터]로 들리기도 합니다.

n

na[나]	**ne**[느어]	**ni**[니]	**nu**[누]	**nü**[뉘]

nàge	**nǐne?**	**nǐmen**	**nǔlì**	**nǔxìng**
[나거]	[니너]	[니먼]	[누리]	[뉘싱]
그것	당신은요?	너희, 당신들	노력하다	여성

※ **ne**의 정확한 발음은 [느어]이지만 줄여서 [너]로 발음합니다. 하지만 발음하는 방법은 [느어]와 같
아야 합니다.

l

la[라]	**le**[르어]	**li**[리]	**lu**[루]	**lü**[뤼]

làjiāo	**kuàilè**	**lǐbian**	**mǎlù**	**lǚyóu**
[라찌아오]	[쿠아이르어]	[리비엔]	[마루]	[뤼여우]
고추	즐겁다	안쪽	큰길	여행

※ **le**의 정확한 발음은 [르어]지만 빨리 하면 [러]로 들립니다. 이때 [**re**]와 달리 혀를 들어 올리지 않
고 입천장에 혀를 대었다가 떼면서 발음합니다.

03 g k h + a e u

g

ga[까] **ge**[끄어] **gu**[꾸]

gālí **gēge** **Gùgōng**
[까리] 카레 [끄어거] 형 [꾸꽁] 고궁, 자금성

※ **ge**는 성조에 따라 [**끄어**] 혹은 [**그어**]로 발음하는데 빨리 하면 [**꺼**] 혹은 [**거**]로 들리기도 합니다.
경성일 경우 [**거**]로 발음합니다.

k

ka[카] **ke**[크어] **ku**[쿠]

kāfēi **kělè** **kùzi**
[카페이] 커피 [크어르어] 콜라 [쿠즈] 바지

※ **ke**는 빨리 발음하면 [**커**]로 들리기도 합니다.

h

ha[하] **he**[흐어] **hu**[후]

hāmìguā **hēchá** **hùzhào**
[하미꾸아] [흐어차] [후짜오]
하미과 차를 마시다 여권

※ **he**는 빨리 발음하면 [**허**]로 들리지만 [**흐어**]를 짧은 순간에 발음해야 합니다.

04 j q x + i ü

j

ji[지]　　　　**ju**[쮜]

gōngjī
[꽁찌] 수탉

yóujú
[여우쮜] 우체국

※ **j**로 시작하는 발음이 1성이나 4성, 4성이 변한 경성일 경우 된소리로 [ㅉ]으로 발음하기도 합니다. 따라서 **ji**는 [지] 혹은 [찌]로 발음합니다. 또 **j, q, x**와 결합한 **i**는 [이]로 발음합니다.

※ **ju**는 j와 **ü**가 결합한 발음입니다. **jü**를 **ju**로 표기한 것이므로 [위] 발음을 지켜야 합니다. 성조에 따라 [쮜]로 발음합니다.

q

qi[치]　　　　**qu**[취]

qípáo
[치파오]
차파오

qùnián
[취니엔]
작년

x

xi[시]　　　　**xu**[쉬]

xǐhuan
[시후안]
좋아하다

xūyào
[쉬야오]
필요하다, ~해야 한다

※ **xi** 발음은 우리말 '시댁', '시집'의 [시]와 발음이 같습니다. 간혹 [씨]로 발음하는 분들이 있는데 주의해야 합니다. 4성인 경우에도 역시 [시]로 발음합니다.

05 zh ch sh r + a e i u

zh

zha[자]   **zhe**[저]   **zhi**[즈]   **zhu**[주]

zhájiàngmiàn
[자찌앙미엔] 자장면

zhège
[쩌거] 저것

zhīdao
[쯔다오] 알다

zhūròu
[쭈러우] 돼지고기

※ 운모 **e**는 [**으어**]로 발음하므로 zhe는 [**즈어**]가 되지만 빨리 발음하면 [**저**] 또는 [**쩌**]로 들립니다. [**저**]로 표기했어도 [**즈**]를 짧게 [**어**]를 강하게 하여 [**즈어**]를 줄인 발음이란 것을 생각하면서 유의합니다.

ch

cha[차]   **che**[처]   **chi**[츠]   **chu**[추]

jǐngchá
[징차]
경찰

huǒchē
[후어처]
기차

chīfàn
[츠판]
밥을 먹다

chúshī
[추스]
요리사

sh

sha[사]   **she**[셔]   **shi**[스]   **shu**[수]

shāmò
[사모어]
사막

shétou
[셔터우]
혀

lǎoshī
[라오스]
선생님

shùxué
[수쉬에]
수학

r

re[르어]   **ri**[르]   **ru**[루]

yánrè
[이엔르어] 무덥다

Rìběn
[르번] 일본

rùxué
[루쉬에] 입학하다

※ **re**의 정확한 발음은 [**르어**]이지만 빨리 발음하면 [**러**]로 들리기도 합니다. 하지만 발음하는 구조 자체가 다르기 때문에 [**르어**]를 빨리 발음하는 연습이 필요합니다.

z

za[짜]	ze[쩌]	zi[쯔]	zu[쭈]
zázhì	**yuánzé**	**kuàizi**	**mínzú**
[짜쯔] 잡지	[위엔저] 원칙	[쿠아이즈] 젓가락	[민주] 민족

※ **ze**는 [**쯔어**]로 발음해야 하지만 줄여서 [**쩌**]로 합니다. 성조에 따라 [**저**]로 들리기도 합니다.

c

ca[차]	ce[츠어]	ci[츠]	cu[추]
mócā	**cèsuǒ**	**shēngcí**	**chīcù**
[모어차] 마찰	[츠어쑤어] 화장실	[셩츠] 새 단어	[츠추] 질투하다

※ **ca**는 혀끝을 앞니 뒤에 붙였다 떼면서 우리말 [**차**]처럼 발음합니다. 혀를 들어올리는 소리 **cha**[**차**]와 구분해야 합니다.
※ 성모 **c**와 만나면 운모 **i**는 [**으**]로 발음합니다. 영어식 발음 [**씨**]가 아니라 [**츠**]로 발음해야 합니다.

s

sa[싸]	se[쓰어]	si[쓰]	su[쑤]
bǐsàbǐng	**yánsè**	**gōngsī**	**gàosu**
[비싸빙] 피자	[이엔쓰어] 색깔	[꽁쓰] 회사	[까오쑤] 알리다

※ **se**[**쓰어**]는 빨리 발음하면 [**써**]로 들립니다.

a [아]   **Ālābó**
[아라보어] 아랍

o [오어]   **ō**
[오어] 아! 오!

e [으어]   **Éluósī**
[으어루어쓰] 러시아

yi [이]   **yīfu**
[이푸] 옷

wu [우]   **wūzi**
[우즈] 방

yu [위]   **Hànyǔ**
[한위] 중국어

※ 운모 **u**가 단독으로 쓰이면 **wu**로 표기하고 [**우**]로 발음합니다.

※ 운모 **ü**가 단독으로 쓰이면 **yu**로 표기하고 [**위**]로 발음합니다.

1 다음 밑줄 친 병음에 유의해서 듣고 따라 읽으세요.

① <u>b</u>ā<u>b</u>a   <u>p</u>íjiǔ   <u>m</u>ā<u>m</u>a   dài<u>f</u>u

② <u>d</u>àxué   <u>t</u>āmen   <u>n</u>àge   <u>l</u>àjiāo

③ <u>g</u>ē<u>g</u>e   <u>k</u>āfēi   <u>h</u>ùzhào

④ <u>g</u>ōngjī   <u>q</u>ípáo   <u>x</u>ǐhuan

⑤ <u>zh</u>ège   huǒ<u>ch</u>ē   lǎo<u>sh</u>ī   <u>R</u>ìběn

⑥ <u>z</u>á<u>zh</u>ì   <u>c</u>èsuǒ   gōng<u>s</u>ī

2 녹음을 듣고 운모에 유의하여 맞는 것을 고르세요.

① bōli (　　　)   bízi (　　　)

② dìdi (　　　)   dùzi (　　　)

③ kāfēi (　　　)   kělè (　　　)

④ qípáo (　　　)   qùnián (　　　)

⑤ chībàn (　　　)   chúshī (　　　)

⑥ gōngsī (　　　)   gàosu (　　　)

3 녹음을 듣고 빈칸에 들어갈 성모와 운모(성조포함)를 채워 넣으세요.

① _____táo   ② _____men

③ _____gōng   ④ yóu_____

⑤ _____tou   ⑥ kuài_____

Answers 2. ① bōli ② dùzi ③ kāfēi ④ qùnián ⑤ chībàn 6) gàosu
3. ① <u>pú</u>táo ② <u>nǐ</u>men③ <u>Gù</u>gōng ④ yóu<u>jú</u> ⑤ <u>shé</u>tou 6) kuài<u>zi</u>

02. 성모와 복운모가 만났을 때

성모 \ 복운모	ai[아이]	ei[에이]	ao[아오]	ou[어우]
b[ㅂ ㅃ]	bai[빠이]	bei[뻬이]	bao[빠오]	
p[ㅍ]	pai[파이]	pei[페이]	pao[파오]	pou[퍼우]
m[ㅁ]	mai[마이]	mei[메이]	mao[마오]	mou[머우]
f[ㅍ]		fei[페이]		fou[퍼우]
d[ㄷ ㄸ]	dai[따이]	dei[떼이]	dao[따오]	dou[떠우]
t[ㅌ]	tai[타이]		tao[타오]	tou[터우]
n[ㄴ]	nai[나이]	nei[네이]	nao[나오]	nou[너우]
l[ㄹ]	lai[라이]	lei[레이]	lao[라오]	lou[러우]
g[ㄱ ㄲ]	gai[까이]	gei[께이]	gao[까오]	gou[꺼우]
k[ㅋ]	kai[카이]	kei[케이]	kao[카오]	kou[커우]
h[ㅎ]	hai[하이]	hei[헤이]	hao[하오]	hou[허우]
zh[ㅈ]	zhai[자이]	zhei[제이]	zhao[자오]	zhou[저우]
ch[ㅊ]	chai[차이]		chao[차오]	chou[처우]
sh[ㅅ]	shai[샤이]	shei[쉐이]	shao[샤오]	shou[셔우]
r[ㄹ]	rao[라오]			rou[러우]
z[ㅉ]	zai[짜이]	zei[쩨이]	zao[짜오]	zou[쩌우]
c[ㅊ]	cai[차이]		cao[차오]	cou[처우]
s[ㅆ]	sai[싸이]		sao[싸오]	sou[써우]

b

bai[빠이] **bei**[뻬이] **bao**[빠오]

shībài **zhǔn**bèi **qián**bāo

[스빠이] 실패하다 [준뻬이] 준비하다 [치엔빠오] 돈지갑

※ **bai**는 [**빠이**] 혹은 [**바이**]로 발음합니다. 대부분 1성은 길게 4성은 강하게 발음하기 때문에 [**빠이**], 2성이나 3성은 약하게 발음하기 때문에 [**바이**]가 됩니다.

p

pai[파이] **pei**[페이] **pao**[파오] **pou**[퍼우]

pāimài **pèi**fu **pào**cài **jiě**pōu

[파이마이] [페이푸] [파오차이] [지에퍼우]
경매하다 감탄하다 김치 해부하다

m

mai[마이] **mei**[메이] **mao**[마오] **mou**[머우]

mǎimài **mèi**mei **xióng**māo **cān**móu

[마이마이] [메이메이] [시옹마오] [찬머우]
사고팔다 여동생 판다 조언하다

※ **mou**의 실제 발음은 [**머우**]지만 단어에 따라서 [**모우**]에 가깝게 발음하기도 합니다.

f

fei[페이] **fou**[퍼우]

fēijī **fǒu**dìng

[페이찌] 비행기 [퍼우띵] 부정하다

※ **fei**는 윗니로 아랫입술을 물었다 떼며 발음합니다.
※ **fou**는 ou가 [**어우**]와 [**오우**]의 중간 발음이기 때문에 [**포우**]로 들리기도 합니다.

02 d t n l + ai ei ao ou

d

dai[따이] **dei**[떼이] **dao**[따오] **dou**[떠우]

dàibiǎo
[따이비아오]
대표

děi
[데이]
~해야 한다

dāozi
[따오즈]
칼

dàdòu
[따떠우]
콩

t

tai[타이] **tao**[타오] **tou**[터우]

Táiwān
[타이완]
대만

táozi
[타오즈]
복숭아

xiǎtōu
[시아터우]
좀도둑

n

nai[나이] **nei**[네이] **nao**[나오] **nou**[너우]

nǎinai
[나이나이]
할머니

nèiyī
[네이이]
속옷

diànnǎo
[띠엔나오]
컴퓨터

nòu
[너우]
괭이, 김매다

l

lai[라이] **lei**[레이] **lao**[라오] **lou**[러우]

wèilái
[웨이라이] 미래

yǎnlèi
[이엔레이] 눈물

láodòng
[라오똥] 노동

dàlóu
[따러우] 건물

※ **lai**는 혀끝을 입천장에 붙였다 떼면서 발음합니다. **lou**는 경우에 따라서 [**로우**]로 발음하기도 합니다.

g

gai[까이]   **gei**[께이]   **gao**[까오]   **gou**[꺼우]

yīnggāi   gěi   gàosu   xiǎogǒu

[잉까이] 마땅히   [게이] 주다, ~에게   [까오쑤] 알리다   [시아오거우] 강아지

※ **gai**는 1성으로 길게 발음하거나 4성으로 짧고 강하게 발음할 때는 [**까이**]로, 2성과 3성으로 쓰이면 [**가이**]로 발음합니다.
※ **gou**는 성조에 따라 [**거우**]로 발음하기도 하는데 [**꼬우**] 혹은 [**고우**]에 가깝게 들립니다.

k

kai[카이]   **kei**[케이]   **kao**[카오]   **kou**[커우]

kāishǐ   kēi   kǎoshì   rénkǒu

[카이스] 시작하다   [케이] 때리다   [카오스] 시험   [런커우] 인구

※ **kou**는 [**코우**]에 가깝게 발음하기도 합니다.

h

hai[하이]   **hei**[헤이]   **hao**[하오]   **hou**[허우]

háizi   hēisè   hěnhǎo   hóuzi

[하이즈]   [헤이쓰어]   [흐언하오]   [허우즈]
아이   검정색   좋다   원숭이

04 zh ch sh r + ai ei ao ou

zh

zhai[자이]　　**zhei**[제이]　　**zhao**[자오]　　**zhou**[저우]

zhùzhái
[쭈자이] 주택

zhèige
[쩨이거] 이것

zhāodài
[짜오따이] 초대하다

zhōumò
[쩌우모어] 주말

※ **z**과 달리 **zh**는 입속에 혀를 들어 올려 사이에 공간을 만들어 내는 소리입니다. **zhai**는 1성과 4성으로 쓰이면 강세를 두어 [**짜이**]로 발음합니다. **zhou**는 [**조우**]에 가깝게 발음하기도 하고 1성이나 4성으로 쓰이면 [**쩌우**]로 발음합니다. 참고로 **zhège**는 구어체로 **zhèige**라고도 한다.

ch

chai[차이]　　**chao**[차오]　　**chou**[처우]

chūchāi
[추차이]
출장가다

niǎocháo
[니아오차오]
새둥지

sīchóu
[쓰처우]
비단

sh

shai[샤이]　　**shei**[셰이]　　**shao**[샤오]　　**shou**[셔우]

shàitàiyáng
[샤이타이양]
햇볕을 쬐다

shéi
[셰이]
누구

jièshào
[찌에샤오]
소개하다

shǒujī
[셔우찌]
휴대전화

※ **shou**는 [쇼우]에 가깝게 발음하기도 합니다.

r

rao[라오]　　**rou**[러우]

ráorén
[라오런] 용서하다

kǎoròu
[카오러우] 불고기

05 z c s + ai ei ao ou

z

zai[짜이]　　**zei**[쩨이]　　**zao**[짜오]　　**zou**[쩌우]

zàijiàn　　　**zéi**rén　　　**zǎo**shang　　　**zǒu**lù

[짜이찌엔] 작별인사　　[쩨이런] 도둑　　[자오샹] 아침　　[저우루] 걷다

※ 혀끝을 앞니 뒤에 붙였다 떼면서 내는 소리로 우리말 [ㅉ] 발음과 비슷합니다. 성조에 따라서 **zai**
는 1성일 경우 길게, 4성일 경우 짧고 강하게 발음하면 [**짜이**]가 되고 2성과 3성일 경우 [**자이**]가
됩니다.

c

cai[차이]　　**cao**[차오]　　**cou**[처우]

cǎihóng　　　**cǎo**méi　　　**còu**qián

[차이홍] 무지개　　[차오메이] 딸기　　[처우치엔] 돈을 모으다

※ 혀끝을 앞니 뒤에 붙였다 떼면서 우리말 [ㅊ]처럼 발음합니다.

s

sai[싸이]　　**sao**[싸오]　　**sou**[써우]

bǐsài　　　**sǎo**zi　　　**ké**sou

[비싸이] 경기　　[싸오즈] 형수, 아주머니　　[크어써우] 기침하다

※ 우리말 [ㅆ]과 비슷하게 윗니와 아랫니 사이로 공기를 내보내듯 강하게 발음합니다. **sh**와 달리 혀
를 들거나 말아서 발음하지 않습니다.

06 복운모가 독립적으로 쓰일 때

 [아이]

àiren
[아이런] 남편, 아내

 [아오]

Àoyùnhuì
[아오윈후에이] 올림픽

 [어우]

Ōuzhōu
[어우쩌우] 유럽

발음연습 Check It Out!

1 다음 밑줄 친 병음에 유의해서 듣고 따라 읽으세요.

① shī<u>bài</u>   p<u>èi</u>fu   <u>mèimei</u>   f<u>ēi</u>j<u>ī</u>

② <u>dāo</u>zi   xiǎ<u>tōu</u>   diàn<u>nǎo</u>   láodòng

③ <u>gào</u>su   <u>kāi</u>shǐ   <u>hóu</u>zi

④ <u>zhèi</u>ge   niǎo<u>cháo</u>   <u>shǒu</u>jī   kǎo<u>ròu</u>

⑤ <u>zǎo</u>shang   <u>cǎi</u>hóng   bǐ<u>sài</u>

2 녹음을 듣고 운모에 유의하여 맞는 것을 고르세요.

① qiánbāo (   )   jiěpōu (   )

② nèiyī (   )   wèilái (   )

③ kāishǐ (   )   kǎoshì (   )

④ shéi (   )   jièshào (   )

⑤ còuqián (   )   sǎozi (   )

3 녹음을 듣고 빈칸에 들어갈 성모와 운모(성조포함)를 채워 넣으세요.

① xióg_____

② diàn_____

③ xiǎo_____

④ _____mò

⑤ _____qián

Answers 2. ① jiěpōu ② nèiyī ③ kǎoshì ④ jièshào ⑤ còuqián
3. ① xióg<u>māo</u> ② diàn<u>nǎo</u> ③ xiǎo<u>gǒu</u> ④ <u>zhōu</u>mò ⑤ <u>còu</u>qián

64

03. 성모와 비운모가 만났을 때

성모 \ 비운모	an[안]	en[언]	ang[앙]	eng[엉]	ong[옹]
b[ㅂ ㅃ]	ban[빤]	ben[뻔]	bang[빵]	beng[뻥]	
p[ㅍ]	pan[판]	pen[펀]	pang[팡]	peng[펑]	
m[ㅁ]	man[만]	men[먼]	mang[망]	meng[멍]	
f[ㅍ]	fan[판]	fen[펀]	fang[팡]	feng[펑]	
d[ㄷ ㄸ]	dan[딴]	den[떤]	dang[땅]	deng[떵]	dong[똥]
t[ㅌ]	tan[탄]		tang[탕]	teng[텅]	tong[통]
n[ㄴ]	nan[난]	nen[넌]	nang[낭]	neng[넝]	nong[농]
l[ㄹ]	lan[란]		lang[랑]	leng[렁]	long[롱]
g[ㄱ ㄲ]	gan[깐]	gen[끄언]	gang[깡]	geng[끄엉]	gong[꽁]
k[ㅋ]	kan[칸]	ken[크언]	kang[캉]	keng[크엉]	kong[콩]
h[ㅎ]	han[한]	hen[흐언]	hang[항]	heng[흐엉]	hong[홍]
zh[ㅈ]	zhan[잔]	zhen[전]	zhang[장]	zheng[정]	zhong[종]
ch[ㅊ]	chan[찬]	chen[천]	chang[창]	cheng[청]	chong[총]
sh[ㅅ]	shan[샨]	shen[션]	shang[샹]	sheng[셩]	
r[ㄹ]	ran[란]	ren[런]	rang[랑]		rong[롱]
z[ㅉ]	zan[짠]	zen[쩐]	zang[짱]	zeng[쩡]	zong[쫑]
c[ㅊ]	can[찬]	cen[천]	cang[창]	ceng[청]	cong[총]
s[ㅆ]	san[싼]	sen[썬]	sang[쌍]	seng[썽]	song[쏭]

b p m f + an en ang eng

b

ban[빤]	**ben**[뻔]	**bang**[빵]	**beng**[뻥]
hēibǎn	**bèndàn**	**bàngqiú**	**shuǐbèng**
[헤이반] 칠판	[뻔딴] 바보	[빵치우] 야구	[수에이뻥] 물펌프

※ **ben**은 [뻔] 또는 [번]으로 발음합니다. [으언] 발음이 들어 있어야 합니다.

p

pan[판]	**pen**[펀]	**pang**[팡]	**peng**[펑]
pánzi	**huāpén**	**pángbiān**	**péngyou**
[판즈] 쟁반	[후아펀] 화분	[팡삐엔] 옆	[펑여우] 친구

※ **en**은 [으언]으로 발음하기 때문에 **pen**은 [펀]으로 발음해도 [으] 발음이 약간 들어갑니다.

m

man[만]	**men**[먼]	**mang**[망]	**meng**[멍]
mǎnyì	**kāimén**	**bāngmáng**	**Mèngzǐ**
[만이] 만족하다	[카이먼] 문을 열다	[빵망] 돕다	[멍즈] 맹자

※ **men**은 [므]를 짧게 [언]은 길게 발음하면 [먼]으로 들립니다. 그러나 [먼]과 [므언]을 빨리 발음하는 것은 차이가 있습니다.

f

fan[판]	**fen**[펀]	**fang**[팡]	**feng**[펑]
máfan	**miànfěn**	**fángjiān**	**fēngfù**
[마판] 귀찮다	[미엔펀] 밀가루	[팡찌엔] 방	[펑푸] 풍부하다

※ **fen**[프언]을 빨리 발음하면 [펀]과 비슷하지만 [으] 발음도 살짝 들립니다.

d

dan[딴]　**den**[떤]　**dang**[땅]　**deng**[떵]　**dong**[똥]

jīdàn
[찌딴]
달걀

dèn
[떤]
한쪽에서 잡아당기다

dāngrán
[땅란]
당연히

jiēdēng
[지에떵]
가로등

dōngxi
[똥시]
물건

t

tan[탄]　**tang**[탕]　**teng**[텅]　**tong**[통]

tānzi
[탄즈] 노점

kǒuxiāngtáng
[커우시앙탕] 껌

tóuténg
[터우텅] 두통

jiāotōng
[찌아오통] 교통

※ **teng**[트엉]을 줄여서 [텅]으로 발음합니다.

n

nan[난]　**nen**[느언]　**nang**[낭]　**neng**[넝]　**nong**[농]

nánbian
[난비엔] 남쪽

nèn
[넌] 부드럽다

wōnang
[워낭] 분하다

nénglì
[넝리] 능력

nóngmín
[농민] 농민

※ **nen**[느언]을 줄여서 [넌]으로 발음하지만 발음하는 방법은 [느언]과 같습니다.

l

lan[란]　**lang**[랑]　**leng**[렁]　**long**[롱]

lánqiú
[란치우] 농구

làngmàn
[랑만] 낭만

fālèng
[파렁] 어리둥절해지다

lóng
[롱] 용

※ **leng**[르엉]을 빨리 발음하여 [렁]이 되지만 발음하는 시작 음은 [으]에서 시작합니다.

g

gan[깐]　**gen**[끄언]　**gang**[깡]　**geng**[껑]　**gong**[꽁]

gǎnqíng　**cǎo**gēn　**gāng**cái　**gèng**jiā　**gōng**zuò
[간칭]　[차오끄언]　[깡차이]　[껑찌아]　[꽁쭈어]
감정　풀뿌리　방금　더욱　일하다

※ **gǎn**은 성조에 따라 [**간**]으로 발음하기도 합니다.

k

kan[칸]　**ken**[크언]　**kang**[캉]　**keng**[컹]　**kong**[콩]

hǎokàn　**kěn**dìng　**jiàn**kāng　**kēng**dào　**kǒng**pà
[하오칸]　[크언띵]　[찌엔캉]　[컹따오]　[콩파]
예쁘다　확실히　건강　갱도　아마도

※ **keng**[크엉]을 줄여서 [**컹**]으로 발음합니다.

h

han[한]　**hen**[흐언]　**hang**[항]　**heng**[헝]　**hong**[홍]

hánjià　**hěn**duō　**yín**háng　**jūn**héng　**hóng**lǜdēng
[한찌아]　[흐언뚜어]　[인항]　[쮠헝]　[홍뤼떵]
겨울방학　많다　은행　균형　신호등

04 zh ch sh r + an en ang eng ong

zh

zhan[잔]   **zhen**[전]   **zhang**[장]   **zheng**[정]   **zhong**[종]

chēzhàn   **zhěn**tou   **shǒu**zhǎng   **jìng**zhēng   **Zhōng**guó

[처짠] 정류장   [전터우] 베개   [셔우장] 손바닥   [찡쩡] 경쟁   [쫑구어] 중국어

※ **zheng**[정]은 처음부터 우리말 '정' 처럼 발음하지 않고 [**즈엉**]을 빨리 발음하는 기분으로 해야 합니다. 또 강하게 발음하면 [**쩡**]으로 들립니다. **zhong**은 실제 [**중**]으로 들리기도 하고 1성이나 4성으로 쓰이면 [**쫑**]으로 발음합니다.

ch

chan[찬]   **chen**[천]   **chang**[창]   **cheng**[청]   **chong**[총]

shēngchǎn   **zǎo**chén   **gōng**chǎng   **chéng**gōng   **chóng**fù

[성찬]   [자오천]   [꽁창]   [청꽁]   [총푸]
생산   새벽   공장   성공   중복

sh

shan[샨]   **shen**[션]   **shang**[상]   **sheng**[성]

chènshān   **shén**me   **shàng**wǔ   **shēng**rì

[천샨] 셔츠   [션머] 무엇   [상우] 오전   [성르] 생일

※ **sheng**[스엉]을 짧게 줄여서 [**성**]으로 발음합니다.

r

ran[란]   **ren**[런]   **rang**[랑]   **reng**[렁]   **rong**[롱]

guǒrán   **Hánguó**rén   **ràng**bù   **réng**rán   **róng**yì

[구어란] 과연   [한구어런] 한국인   [랑뿌] 양보   [렁란] 여전히   [롱이] 쉽다

※ **ren**[르언]을 줄여서 [**런**]으로 발음합니다.

05 z c s + an en ang eng ong

z

zan[짠] **zen**[쩐] **zang**[짱] **zeng**[쩡] **zong**[쫑]

zànshí zěnme xīnzàng zēngjiā zǒngtǒng
[짠스] 잠깐 [쩐머] 왜, 어떻게 [신짱] 심장 [쩡찌아] 증가하다 [종통] 대통령

※ **zan**은 [**짠**] 또는 [**잔**]으로, **zong**은 [**쫑**] 혹은 [**종**]으로 발음합니다.

c

can[찬] **cen**[천] **cang**[창] **ceng**[청] **cong**[총]

cānjiā cénjì cāngkù céngcì cónglái
[찬찌아] [천찌] [창쿠] [청츠] [총라이]
참가하다 적막하다 창고 순서, 단계 지금까지

s

san[싼] **sen**[썬] **sang**[쌍] **seng**[썽] **song**[쏭]

yǔsǎn sēnlín sǎngzi sēnglǚ sōngshù
[위싼] 우산 [썬린] 산림 [쌍즈] 목구멍 [썽뤼] 승려 [쏭수] 소나무

※ **seng**은 앞에 [**으**] 발음이 약간 살아 있습니다. [**쓰엉**]을 발음한다는 생각으로 빨리 발음합니다.

 [안]

ānjìng
[안찡] 조용하다

 [으언]

ēnrén
[언런] 은인

 [앙]

ángguì
[앙꾸에이] 값이 비싸다

1 다음 밑줄 친 병음에 유의해서 듣고 따라 읽으세요.

① hēi<u>b</u>ǎn   huā<u>p</u>én   bāng<u>máng</u>   <u>fēng</u>fù

② jī<u>d</u>àn   kǒuxiāg<u>táng</u>   <u>nèn</u>   fā<u>lèng</u>

③ <u>g</u>ǎnqíng   <u>k</u>ěndìng   yínháng   hóng<u>lǜ</u>dēng

④ chē<u>zhàn</u>   zǎo<u>chén</u>   <u>shàng</u>wǔ   <u>róng</u>yì

⑤ <u>zàn</u>shí   <u>cén</u>jì   <u>sǎng</u>zi   <u>sōng</u>shù

2 녹음을 듣고 비운모에 유의하여 맞는 것을 고르세요.

① bàngqiú (   )   pángbiān (   )

② tóuténg (   )   jiāotōng (   )

③ hǎokàn (   )   kǒngpà (   )

④ shǒuzhǎng (   )   shénme (   )

⑤ xīnzàng (   )   céngcì (   )

3 녹음을 듣고 빈칸에 들어갈 성모와 비운모(성조포함)를 채워 넣으세요.

① _____you

② _____xi

③ jiàn_____

④ _____rì

⑤ _____lái

04. 성모와 i결합운모가 만났을 때

성모 \ i결합운모	ia[이아]	iao[이아오]	ie[이에]	i(o)u[이(어)우]
b[ㅂㅃ]		biao[삐아오]	bie[삐에]	
p[ㅍ]		piao[피아오]	pie[피에]	
m[ㅁ]		miao[미아오]	mie[미에]	miu[미(어)우]
d[ㄷㄸ]		diao[띠아오]	die[띠에]	diu[띠(어)우]
t[ㅌ]		tiao[티아오]	tie[티에]	
n[ㄴ]		niao[니아오]	nie[니에]	niu[니(어)우]
l[ㄹ]	lia[리아]	liao[리아오]	lie[리에]	liu[리(어)우]
j[ㅈ]	jia[지아]	jiao[지아오]	jie[지에]	jiu[지(어)우]
q[ㅊ]	qia[치아]	qiao[치아오]	qie[치에]	qiu[치(어)우]
x[ㅅ]	xia[시아]	xiao[시아오]	xie[시에]	xiu[시(어)우]

01 b p m + iao ie iou

b

biao[삐아오]　　**bie**[삐에]

biǎoshì
[비아오스] 표시하다

tèbié
[트어비에] 특히

※ **biao**는 성조에 따라 1성이나 4성은 [**삐아오**]로, 2성이나 3성은 [**비아오**]로 발음합니다. 1성은 높고 길게 4성은 짧고 강하게 발음하여 소리가 강해지기 때문입니다.

p

piao[피아오]　　**pie**[피에]

huǒchēpiào
[후어처피아오]
기차표

piē
[피에]
힐끗 보다

m

miao[미아오]　　**mie**[미에]　　**miu**[미(어)우]

qiǎomiào
[치아오미아오]
교묘하다

mièshì
[미에스]
멸시하다

huāngmiù
[후앙미우]
터무니없다

※ **m**과 **iou**가 결합하면 **miu**로 표기합니다. [**미어우**]를 줄여서 [**미우**]로 발음하기 때문에 가운데 [**어**] 발음이 들어있습니다.

02 d t n l + ia iao ie iou

d

diao[띠아오]   **die**[띠에]   **diu**[띠우]

shēngdiào
[성띠아오] 성조

diézi
[디에즈] 접시

diūshī
[띠우스] 잃어버리다

※ **d**와 **iou**가 결합하면 **diu**로 표기하기 때문에 [띠어우]를 줄여 [**띠우**]로도 발음합니다.

t

tiao[티아오]   **tie**[티에]

tiāoxuǎn
[티아오쉬엔]
고르다

gāngtiě
[깡티에]
철강

n

niao[니아오]   **nie**[니에]   **niu**[니우]

niǎo
[니아오] 새

niēzào
[니에짜오] 날조하다

niúnǎi
[니우나이] 우유

※ **n**과 **iou**가 만나면 **niu**로 표기하기 때문에 **niu**는 [니어우]를 줄여 [**니우**]로도 발음합니다.

l

lia[리아]   **liao**[리아오]   **lie**[리에]   **liu**[리우]

nǐmenliǎ
[니먼리아] 너희 둘

liǎojiě
[리아오지에] 이해하다

páiliè
[파이리에] 배열

liúxué
[리우쉬에] 유학

※ **l**과 **iou**가 만나 가운데 **o**가 탈락한 형태이므로 [리어우]를 줄여 [**리우**]로도 발음합니다.

03 j q x + ia iao ie iou

j

jia[지아]　　**jiao**[지아오]　　**jie**[지에]　　**jiu**[지우]

jiāyóu　　　**bǐ**jiào　　　**jié**hūn　　　**jiù**yè
[찌아여우] 화이팅　[비찌아오] 비교　[지에훈] 결혼　[찌어우이에] 취업

※ **j**와 **iou**가 결합한 발음을 **jiu**로 표기한 형태입니다. 따라서 [**지어우**]가 정확한 발음이고 [**지우**]로
줄일 수 있습니다. 또 성조에 따라 [**찌우**]로 발음하기도 합니다.

q

qia[치아]　　**qiao**[치아오]　　**qie**[치에]　　**qiu**[치우]

qiàdàng　　**qiǎo**kèlì　　　yí**qiè**　　　**qiū**tiān
[치아땅] 적당하다　[치아오크어리] 초콜릿　[이치에] 모든　[치우티엔] 가을

※ **q**와 **iou**가 결합하여 가운데 **o**가 탈락한 표기입니다. 따라서 [**치어우**]를 줄여서 [**치우**]로 발음합
니다.

x

xia[시아]　　**xiao**[시아오]　　**xie**[시에]　　**xiu**[시우]

xiàtiān　　xué**xiào**　　**xiè**xie　　　**xiū**xi
[시아티엔] 여름　[쉬에시아오] 학교　[시에시에] 감사합니다　[시우시] 쉬다

※ **x**와 **iou**가 만나면 **xiu**로 표기합니다. [**시어우**]를 줄여 [**시우**]로 발음하기 때문에 가운데 [**어**] 발
음이 들어있습니다.

04 i결합운모가 독립적으로 쓰일 때

ya [야]

yágāo
[야까오] 치약

※ [**이아**]를 줄여서 [**야**]로 발음합니다.

yao [야오]

chīyào
[츠야오] 약을 먹다

※ [**이아오**]를 줄여 [**야오**]로 발음합니다.

ye [이에]

yěshēng
[이에셩] 야생

you [여우]

yóuyǒng
[여우용] 수영

※ [**이어우**]를 줄여 [**여우**]로 발음합니다.

1 다음 밑줄 친 병음에 유의해서 듣고 따라 읽으세요.

① <u>biǎo</u>shì   <u>piē</u>   <u>qiǎomiào</u>

② tè<u>bié</u>   <u>miè</u>shì   hǔochē<u>piào</u>

③ shēng<u>diào</u>   <u>diū</u>shī   <u>niǎo</u>

④ <u>niú</u>nǎi   <u>liǎo</u>jiě   <u>liú</u>xué

⑤ bǐ<u>jiào</u>   jiùyè   yí<u>qiè</u>   xué<u>xiào</u>

2 녹음을 듣고 운모에 유의하여 맞는 것을 고르세요.

① tèbié (　　　)   huāngmiù (　　　)

② diézi (　　　)   tiāoxuǎn (　　　)

③ niēzào (　　　)   niúnǎi (　　　)

④ bǐjiào (　　　)   jiéhūn (　　　)

⑤ yíqiè (　　　)   xiàtiān (　　　)

3 녹음을 듣고 빈칸에 들어갈 성모와 운모(성조포함)를 채워 넣으세요.

① qiǎo_____

② nǐmen_____

③ gāng_____

④ _____kèlì

⑤ xué_____

Answers 2. ① tèbié ② tiāoxuǎn ③ niúnǎi ④ jiéhūn ⑤ yíqiè
           3. ① qiǎo<u>miào</u> ② nǐmen<u>liǎ</u> ③ gāng<u>tiě</u> ④ <u>qiǎo</u>kèlì ⑤ xué<u>xiào</u>

78

05. 성모와 i결합비운모가 만났을 때

성모 \ i결합비운모	ian[이엔]	in[인]	iang[이앙]	ing[잉]	iong[이옹]
b[ㅂ ㅃ]	bian[삐엔]	bin[삔]		bing[삥]	
p[ㅍ]	pian[피엔]	pin[핀]		ping[핑]	
m[ㅁ]	mian[미엔]	min[민]		ming[밍]	
d[ㄷ ㄸ]	dian[띠엔]			ding[띵]	
t[ㅌ]	tian[티엔]			ting[팅]	
n[ㄴ]	nian[니엔]	nin[닌]	niang[니앙]	ning[닝]	
l[ㄹ]	lian[리엔]	lin[린]	liang[리앙]	ling[링]	
j[ㅈ]	jian[지엔]	jin[진]	jiang[지앙]	jing[징]	jiong[지옹]
q[ㅊ]	qian[치엔]	qin[친]	qiang[치앙]	qing[칭]	qiong[치옹]
x[ㅅ]	xian[시엔]	xin[신]	xiang[시앙]	xing[싱]	xiong[시옹]

01 b p m + ian in ing

b

bian[삐엔] **bin**[삔] **bing**[삥]

fāngbià**n** **bīn**guǎ**n** **bǐng**gā**n**

[팡삐엔] 편리하다 [삔구안] 호텔 [빙깐] 과자

※ **bing**은 [**삥**] 또는 [**빙**]으로 발음합니다.

p

pian[피엔] **pin**[핀] **ping**[핑]

míngpià**n** **chǎn**pǐ**n** **pīng**pāngqiú

[밍피엔] [찬핀] [핑팡치우]
명함 제품 탁구

m

mian[미엔] **min**[민] **ming**[밍]

shuìmiá**n** **guò**mǐ**n** **yǒu**míng

[수에이미엔] [꾸어민] [여우밍]
수면 과민, 알레르기 유명하다

02 d t n l + ian in iang ing

d

dian[띠엔]　　**ding**[띵]

diànhuà　　jué**dìng**
[띠엔후아] 전화　　[쥐에띵] 결정하다

※ **dian**은 [디엔]으로 발음하기도 합니다.

t

tian[티엔]　　**ting**[팅]

jīn**tiān**　　**tǐng**hǎo
[찐티엔]　　[팅하오]
오늘　　매우 좋다

n

nian[니엔]　　**nin**[닌]　　**niang**[니앙]　　**ning**[닝]

míng**nián**　　**nín**　　xīn**niáng**　　ān**níng**
[밍니엔]　　[닌]　　[신니앙]　　[안닝]
내년　　당신(존칭)　　신부　　안정되다

l

lian[리엔]　　**lin**[린]　　**liang**[리앙]　　**ling**[링]

xǐ**liǎn**　　**lín**jū　　**liáng**hǎo　　**lìng**wài
[시리엔]　　[린쮜]　　[리앙하오]　　[링와이]
세수하다　　이웃　　양호하다　　다른, 그밖에

03 j q x + ian in iang ing iong

j

jian[지엔] **jin**[진] **jiang**[지앙] **jing**[징] **jiong**[지옹]

jiǎndān	zuì**jìn**	xià**jiàng**	gān**jìng**	**jiǒng**jìng
[지엔딴]	[쭈에이찐]	[시아찌앙]	[깐찡]	[지옹찡]
간단하다	최근	하락하다	깨끗하다	곤경, 궁지

※ **jian**은 [**지엔**] 혹은 [**찌엔**]으로 발음합니다.

q

qian[치엔] **qin**[친] **qiang**[치앙] **qing**[칭] **qiong**[치옹]

qiántiān	gāng**qín**	**qiáng**diào	nián**qīng**rén	pín**qióng**
[치엔티엔]	[깡친]	[치앙띠아오]	[니엔칭런]	[핀치옹]
그저께	피아노	강조하다	젊은이	빈곤하다

x

xian[시엔] **xin**[신] **xiang**[시앙] **xing**[싱] **xiong**[시옹]

xiànzài	**xìn**yòngkǎ	**xiāng**xìn	**xíng**rén	**xiōng**dì
[시엔짜이]	[신용카]	[시앙신]	[싱런]	[시옹띠]
지금, 현재	신용카드	믿다	행인	형제

04 i결합비운모가 독립적으로 쓰일 때

성모 없이 운모만 쓰이면 **i**를 **y**로 바꾸어 표기합니다.

ian in iang ing iong → yan yin yang ying yong

 [이엔]

xiāngyān
[시앙이엔] 담배

 [인]

yǐnliào
[인리아오] 음료

 [양]

tàiyáng
[타이양] 태양

※ [**이앙**]를 줄여 [**양**]로 발음합니다.

 [잉]

diànyǐng
[띠엔잉] 영화

※ 중국인의 발음을 잘 들어보면 [**이응**]처럼 들리기도 합니다.

 [용]

yǒuyòng
[여우용] 유용한, 쓸모있는

※ [**이용**]을 줄여 [**용**]으로 발음합니다.

1   다음 밑줄 친 병음에 유의해서 듣고 따라 읽으세요.

① fāngbiàn   míngpiàn   shuìmián

② bīnguǎn   chǎnpǐn   guòmǐn

③ diànhuà   tǐnghǎo   míngnián

④ ānníng   xǐliǎn   liánghǎo

⑤ jiǎndān   píngqióng   xiōngdì

2   녹음을 듣고 운모에 유의하여 맞는 것을 고르세요.

① bǐnggān (   )   yǒumíng (   )

② jīntiān (   )   míngnián (   )

③ ānníng (   )   liánghǎo (   )

④ zuìjìn (   )   gāngqín (   )

⑤ xiànzài (   )   xíngrén (   )

3   녹음을 듣고 빈칸에 들어갈 성모와 운모(성조포함)를 채워 넣으세요.

① míng_____

② _____hǎo

③ xǐ_____

④ _____tiān

⑤ _____yòngkǎ

Answers 2. ① bǐnggān ② jīntiān ③ liánghǎo ④ zuìjìn ⑤ xiànzài
3. ① míngpiàn ② tǐnghǎo ③ xǐliǎn ④ qiántiān ⑤ xìnyòngkǎ

06. 성모와 u결합운모가 만났을 때

성모 / u결합운모	ua[우아]	uo[우어]	uai[우아이]	u(e)i[우에이]
d[ㄷ]		duo[뚜어]		dui[뚜에이]
t[ㅌ]		tuo[투어]		tui[투에이]
n[ㄴ]		nuo[누어]		
l[ㄹ]		luo[루어]		
g[ㄱㄲ]	gua[꾸아]	guo[꾸어]	guai[꾸아이]	gui[꾸에이]
k[ㅋ]	kua[쿠아]	kuo[쿠어]	kuai[쿠아이]	kui[쿠에이]
h[ㅎ]	hua[후아]	huo[후어]	huai[후아이]	hui[후에이]
zh[ㅈ]	zhua[주아]	zhuo[주어]	zhuai[주아이]	zhui[주에이]
ch[ㅊ]	chua[추아]	chuo[추어]	chuai[추아이]	chui[추에이]
sh[ㅅ]	shua[수아]	shuo[수어]	shuai[수아이]	shui[수에이]
r[ㄹ]	ruo[루어]			rui[루에이]
z[ㅉ]	zuo[쭈어]			zui[쭈에이]
c[ㅊ]	cuo[추어]			cui[추에이]
s[ㅆ]	suo[쑤어]			sui[쑤에이]

01 d t n l + uo uei

d

duo[뚜어]   **dui**[뚜에이]

duōshao   **duìbuqǐ**

[뚜어샤오] 얼마   [뚜에이부치] 죄송합니다

※ 운모 **uei**는 성모와 만나면 **ui**로 표기합니다. 따라서 **dui**는 d와 **uei**가 결합한 형태로 [**뚜이**]가 아닌 [**뚜에이**]로 발음해야 합니다.

t

tuo[투어]   **tui**[투에이]

luòtuo   **dàtuǐ**

[루어투어] 낙타   [따투에이] 허벅지

※ **t**와 **uei**가 결합하면 **tui**로 표기하지만 발음은 [**투에이**]로 합니다.

n

nuo[누어]

chéngnuò

[청누어]
승낙하다

l

luo[루어]

luǒshēn

[루어션]
나체

02 g k h + ua uo uai uei

g

gua[꾸아]	**guo**[꾸어]	**guai**[꾸아이]	**gui**[꾸에이]
xīguā	**shuǐguǒ**	**guāi**	**guì**
[시꾸아] 수박	[수에이구어] 과일	[꾸아이] 얌전하다	[꾸에이] 비싸다

※ 운모 **uei**는 성모와 만나면 **ui**로 표기합니다. 따라서 **gui**는 [**꾸에이**] 또는 [**구에이**]로 발음하는데
빨리 발음하면 [**꿰이**]나 [**궤이**]로 들립니다.

k

kua[쿠아]	**kuo**[쿠어]	**kuai**[쿠아이]	**kui**[쿠에이]
kuājiǎng	**kuòdà**	**kuàizi**	**chīkuī**
[쿠아지앙] 칭찬하다	[쿠어따] 확대하다	[쿠아이즈] 젓가락	[츠쿠에이] 손해보다

※ 운모 **uei**는 성모와 만나면 **ui**로 표기합니다. 따라서 **kui**는 [**쿠에이**]로 발음하는데 빨리 발음하면
[**퀘이**]로 들립니다.

h

hua[후아]	**huo**[후어]	**huai**[후아이]	**hui**[후에이]
huā	**shēnghuó**	**huáiniàn**	**huíjiā**
[후아]	[성후어]	[후아이니엔]	[후에이찌아]
꽃	생활	그리워하다	집에 가다

※ 운모 **uei**는 성모와 만나면 **ui**로 표기합니다. 따라서 **hui**는 [**후에이**]로 발음하는데 빨리 발음하면
[**훼이**]로 들립니다.

03 zh ch sh r + ua uo uai uei

zh

zhua [주아]　**zhuo** [주어]　**zhuai** [주아이]　**zhui** [주에이]

zhuā	zhuōzi	zhuài	zhuīqiú
[쭈아] 잡다	[쭈어즈] 탁자	[쭈아이] 잡아당기다	[쭈에이치우] 추구하다

※ 성모 zh와 운모 uei가 만나면 zhui로 표기합니다. 또한 성조에 따라 [**쭈에이**]로 발음하기도 합니다.

ch

chua [추아]　**chuo** [추어]　**chuai** [추아이]　**chui** [추에이]

chuā	chuòxué	chuǎicè	chuízi
[추아]	[추어쉬에]	[추아이츠어]	[추에이즈]
척척, 쿵쿵	학업을 그만두다	추측하다	쇠망치

sh

shua [수아]　**shuo** [수어]　**shuai** [수아이]　**shui** [수에이]

yáshuā	xiǎoshuō	shuàigē	shuí
[야수아] 칫솔	[시아오수어] 소설	[수아이끄어] 멋진 남자	[수에이] 누구

※ 성모 sh와 운모 uei가 만나면 shui로 표기합니다.

r

ruo [루어]　**rui** [루에이]

lǎoruò	jiānruì
[라오루어]	[지엔루에이]
노인과 어린이	날카로운

※ 성모 r과 운모 uei가 만나 가운데 e가 생략된 형태입니다. 발음할 때는 가운데 e가 살아나서 [**루에이**]로 합니다.

04 z c s + uo uei

z

zuo[쭈어]　　**zui**[쭈에이]

zuótiān
[주어티엔] 어제

hē**zuì**
[흐어쭈에이] 입

※ 성모와 **uei**가 만나면 **ui**로 표기합니다. **zui**는 [**쭈에이**] 혹은 [**주에이**]가 정확한 표현이고 줄여서 [**쮀이**] 혹은 [**줴이**]로 발음할 수 있습니다.

c

cuo[추어]　　**cui**[추에이]

méicuò
[메이추어] 틀림없다

cuìruò
[추에이루어] 취약하다

※ **c**와 **uei**가 만나면 **cui**로 표기합니다. 따라서 [**추이**]가 아닌 [**추에이**]로 발음합니다.

s

suo[쑤어]　　**sui**[쑤에이]

chuānsuō
[추안쑤어] 드나들다

suìshù
[쑤에이수] 나이

※ **s**와 **uei**가 만나면 **sui**로 표기하지만 발음은 [**쑤에이**]로 합니다.

운모만 있을 때 **u**로 시작하는 운모는 **u**를 **w**로 바꾸어 표기합니다.
u ua uo uai uei → wu wa wo wai wei

 [우]

wūzi
[우즈] 방

 [와]

wáwa
[와와] 아기, 인형

※ [**우아**]를 줄여 [**와**]로 발음합니다.

 [워]

wǒmen
[워먼] 우리들

wai [와이]

hǎiwài
[하이와이] 해외

※ [**우어**]를 줄여 [**워**]로 발음합니다.

※ [**우아이**]를 줄여 [**와이**]로 발음합니다.

wei [웨이]

wēijī
[웨이찌] 위대한

※ [**우에이**]를 줄여 [**웨이**]로 발음합니다.

1　다음 밑줄 친 병음에 유의해서 듣고 따라 읽으세요.

① <u>duō</u>shao　　dà<u>tuǐ</u>　　　chéng<u>nuò</u>　　luǒshēn

② xī<u>guā</u>　　　<u>kuò</u>dà　　　chī<u>kuī</u>　　　huáinián

③ shuǐguǒ　　<u>guì</u>　　　　<u>huā</u>　　　　huáinián

④ <u>zhuā</u>　　　<u>chuò</u>xué　　<u>shuài</u>gē　　jiān<u>ruì</u>

⑤ <u>zuó</u>tiān　　<u>cuì</u>ruò　　　<u>suì</u>shù

2　녹음을 듣고 운모에 유의하여 맞는 것을 고르세요.

① duìbuqǐ (　　　)　　　　luǒshēn (　　　)

② shuǐguǒ (　　　)　　　　kuàizi (　　　)

③ zhuōzi (　　　)　　　　chuòxué (　　　)

④ shuàigē (　　　)　　　　lǎoruò (　　　)

⑤ méicuò (　　　)　　　　suìshù (　　　)

3　녹음을 듣고 빈칸에 들어갈 성모와 운모(성조포함)를 채워 넣으세요.

① chéng_____

② _____jiǎg

③ _____qiú

④ xiǎo_____

⑤ hē_____

Answers 2. ① duìbuqǐ　② shuǐguǒ　③ zhuōzi　④ lǎoruò　⑤ suìshù
　　　　 3. ① chéng<u>nuò</u>　② <u>kuā</u>jiǎg　③ <u>zhuī</u>qiú　④ xiǎo<u>shuō</u>　⑤ hē<u>zuì</u>

07. 성모와 u결합비운모가 만났을 때

◇◇

성모 \ u결합비운모	uan[우안]	u(e)n[으언]	uang[우앙]	ueng[우엉]
d[ㄷㄸ]	duan[뚜안]	dun[뚠]		
t[ㅌ]	tuan[투안]	tun[툰]		
n[ㄴ]	nuan[누안]			
l[ㄹ]	luan[루안]	lun[룬]		
g[ㄱㄲ]	guan[꾸안]	gun[꾼]	guang[꾸앙]	
k[ㅋ]	kuan[쿠안]	kun[쿤]	kuang[쿠앙]	
h[ㅎ]	huan[후안]	hun[훈]	huang[후앙]	
zh[ㅈ]	zhuan[주안]	zhun[준]	zhuang[주앙]	
ch[ㅊ]	chuan[추안]	chun[춘]	chuang[추앙]	
sh[ㅅ]	shuan[수안]	shun[순]	shuang[수앙]	
r[ㄹ]	ruan[루안]	run[룬]		
z[ㅉ]	zuan[쭈안]	zun[쭌]		
c[ㅊ]	cuan[추안]	cun[춘]		
s[ㅆ]	suan[쑤안]	sun[쑨]		

d

duan[뚜안]   **dun**[뚠]

chángduǎn
[창두안] 길이, 치수

máodùn
[마오뚠] 모순

※ 운모 **uen**는 성모와 만나면 **un**으로 표기합니다. **dun**은 **d**와 **uen**이 결합한 형태로 정확한 발음은 [**뚜언**]이나 [**뚠**]으로 줄여서 발음합니다. 또 성조에 따라 [**둔**]으로 발음하기도 합니다.

t

tuan[투안]   **tun**[툰]

jítuán
[지투안] 집단, 그룹

tūnshí
[툰스] 삼키다

※ **uen**은 성모와 만나면 **un**으로 표기합니다. 따라서 정확한 발음은 [**투언**]이고 이를 줄여서 [**툰**]으로 발음할 때도 발음하는 요령은 같습니다.

n

nuan[누안]

nuǎnhuo
[누안후어]
따뜻하다

l

luan[루안]   **lun**[룬]

luǎn
[루안] 알

tǎolùn
[타오룬] 토론

※ **uen**은 성모와 만나면 **un**으로 표기하기 때문에 **lun**은 [**루언**]이지만 줄여서 [**룬**]으로 발음합니다.

02 g k h + uan uen uang

g   **guan**[꾸안]   **gun**[꾼]   **guang**[꾸앙]

fànguǎn   **gǔn**   **guǎngchǎng**
[판구안] 식당   [군] 구르다   [구앙창] 광장

※ **uen**은 성모와 만나면 **un**으로 표기합니다. **gun**의 발음은 [**꾸언**]인데 줄여서 [**꾼**]이나 [**군**]으로 발음합니다.

k   **kuan**[쿠안]   **kun**[쿤]   **kuang**[쿠앙]

kuānróng   **kùnnan**   **qíngkuàng**
[쿠안롱] 관용   [쿤난] 어려움, 곤란   [칭쿠앙] 상황

※ **uen**은 성모와 만나면 **un**으로 표기합니다. **kun**의 발음은 [**쿠언**]인데 줄여서 [**쿤**]으로 하기도 합니다.

h   **huan**[후안]   **hun**[훈]   **huang**[후앙]

jiāohuàn   **hùnluàn**   **huángsè**
[찌아오후안] 교환   [훈루안] 혼란   [후앙쓰어] 노란색

※ **uen**은 성모와 만나면 **un**으로 표기합니다. **hun**의 발음은 [**후언**]인데 줄여서 [**훈**]으로 합니다.

03 zh ch sh r + uan uen uang

zh

zhuan[주안]   **zhun**[준]   **zhuang**[주앙]

zhuānmén   **zhǔn**bèi   fú**zhuāg**
[쭈안먼] 전문   [준뻬이] 준비   [푸쭈앙] 옷, 의류

※ 성모 **zh**와 운모 **uen**이 만나면 **zhun**으로 표기합니다. [**주언**]으로 발음해야 하지만 줄여서 [**준**]
   으로 발음합니다.

ch

chuan[추안]   **chun**[춘]   **chuang**[추앙]

chuānyīfu   **chūn**tiān   **chuāng**kǒu
[추안이푸] 옷을 입다   [춘티엔] 봄   [추앙커우] 창

※ 성모 **ch**와 운모 **uen**이 만나면 **chun**으로 표기합니다. [**추언**]으로 발음해야 하지만 줄여서 [**춘**]
   으로 합니다.

sh

shuan[수안]   **shun**[순]   **shuang**[수앙]

shuànyángròu   **shùn**lì   **shuāng**fāng
[수안양러우]   [순리]   [수앙팡]
양고기 샤브샤브   순조롭다   양측, 쌍방

※ 성모 **sh**와 운모 **uen**이 만나면 **shun**으로 표기합니다. [**수언**]으로 발음해야 하지만 줄여서 [**순**]
   으로 합니다.

r

ruan[루안]   **run**[룬]

ruǎnjiàn   **rùn**huáyóu
[루안찌엔]   [룬후아여우]
소프트웨어   윤활유

※ 성모 **r**과 운모 **uen**이 만나 가운데 **e**가 생략된 형태입니다. [**루언**]으로 발음해야 하지만 줄여서
   [**룬**]으로 합니다. 하지만 발음하는 방법은 같기 때문에 가운데 [**어**] 발음이 들어있습니다.

04 z c s + uan uen

z

zuan[쭈안]　　zun[쭌]

zuànshí　　**zūnjìng**

[쭈안스] 다이아몬드　　[쭌찡] 존경하다

※ **z**와 **uen**이 만나면 **zun**으로 표기하는데 정확한 [**쭈언**]이 됩니다. 이를 줄여서 [**쭌**] 혹은 [**준**]으로 발음할 수 있지만 [**쭈언**] 혹은 [**주언**]과 같은 방법으로 발음해야 합니다.

c

cuan[추안]　　cun[춘]

cuàngǎi　　**nóngcūn**

[추안가이] 왜곡하다　　[농춘] 농촌

※ **c**와 **uen**이 결합하면 **cun**으로 표기합니다. [**추언**]이 정확한 발음이지만 [**춘**]으로 줄여서 발음합니다.

s

suan[쑤안]　　sun[쑨]

dàsuàn　　**sūnzi**

[따쑤안] 마늘　　[쑨즈] 손자

※ **s**와 **uen**이 결합하면 **sun**으로 표기하고 [**쑤언**]으로 발음해야 하지만 [**쑨**]으로 줄여서 합니다.

05 u결합비운모가 독립적으로 쓰일 때

운모만 있을 때 **u**로 시작하는 운모는 **u**를 **w**로 바꾸어 표기합니다.

uan uen uang ueng → wan wen wang weng

 [완]

wǎnshang
[완상] 저녁

 [원]

wèntí
[원티] 문제

※ [**우언**]을 줄여 [**원**]으로 발음합니다.

 [왕]

xīwàng
[시왕] 희망하다

※ [**우앙**]을 줄여 [**왕**]으로 발음합니다.

weng [웡]

fùwēng
[푸웡] 부자

※ [**우엉**]을 줄여 [**웡**]으로 발음합니다.

1 다음 밑줄 친 병음에 유의해서 듣고 따라 읽으세요.

① cháng<u>duǎn</u>   <u>tū</u>nshí   <u>nuǎn</u>huo   <u>luǎn</u>

② fàn<u>guǎn</u>   <u>kùn</u>nan   <u>huáng</u>sè

③ <u>zhuān</u>mén   <u>zhǔn</u>bèi   <u>chuāng</u>kǒu

④ <u>shùn</u>lì   <u>ruǎn</u>jiàn   <u>rùn</u>huáyóu

⑤ <u>zuàn</u>shí   nóng<u>cūn</u>   <u>sūn</u>zi

2 녹음을 듣고 운모에 유의하여 맞는 것을 고르세요.

① máodùn (   )   nuǎnhuo (   )

② guǎngchǎng (   )   qíngkuàng (   )

③ chuānyīfu (   )   chūntiān (   )

④ chuāngkǒu (   )   shuāngfāng (   )

⑤ zūnjìng (   )   nóngcūn (   )

3 녹음을 듣고 빈칸에 들어갈 성모와 운모(성조포함)를 채워 넣으세요.

① _____shí

② jiāo_____

③ fú_____

④ _____lì

⑤ nóng_____

98

08. 성모와 ü결합운모가 만났을 때

◇◇

성모 / ü결합운모	ü[위]	üe[위에]	üan[위엔]	ün[윈]
n[ㄴ]	nü[뉘]	nüe[뉘에]		
l[ㄹ]	lü[뤼]	lüe[뤼에]		
j[ㅈ]	ju[쥐]	jue[쥐에]	juan[쥐엔]	jun[쥔]
q[ㅊ]	qu[취]	que[취에]	quan[취엔]	qun[췬]
x[ㅅ]	xu[쉬]	xue[쉬에]	xuan[쉬엔]	xun[쉰]

n l + ü üe

n **nü**[뉘] **nüe**[뉘에]

nǚpéngyou **nüèdài**
[뉘펑여우] 여자친구 [뉘에따이] 학대하다

※ **nü**는 둥글게 모은 입술이 옆으로 벌어지지 않게 유지합니다.

l **lü**[뤼] **lüe**[뤼에]

lǜsè **shěnglüè**
[뤼쓰어] [셩뤼에]
녹색 생략하다

j q x + ü üe üan ün

j

ju[쥐]　　**jue**[쥐에]　　**juan**[쥐엔]　　**jun**[쥔]

júzi　　　　**jué**de　　　　shì**juàn**　　　**jūn**duì
[쥐즈] 귤　　[쥐에더] ~라고 생각하다　[스쮀엔] 시험답안　[쮠뚜에이] 군대

※ 성모 **j**, **q**, **x**와 **ü**로 시작하는 운모가 만나면 [¨]이 없어집니다. 성모 **j**와 운모 **ü**가 만나면 **u**로 표기합니다. 성조에 따라서 1성이나 4성으로 쓰이면 강하게 [쮜]로 발음합니다.

q

qu[취]　　**que**[취에]　　**quan**[취엔]　　**qun**[췬]

qùnián　　　**què**dìng　　　**quán**guó　　　**qún**zi
[취니엔]　　　[취에띵]　　　[취엔구어]　　　[췬즈]
작년　　　　확정하다　　　전국　　　　치마

x

xu[쉬]　　**xue**[쉬에]　　**xuan**[쉬엔]　　**xun**[쉰]

bì**xū**　　　　**xué**xí　　　　**xuàn**lì　　　　**xún**zhǎo
[삐쉬]　　　　[쉬에시]　　　[쉬엔리]　　　[쉰자오]
반드시　　　학습, 배우다　　아름답다　　　찾다

03 ü결합운모가 독립적으로 쓰일 때

운모만 있을 때 **ü**를 **yu**로 바꾸어 표기합니다.
ü üe üan ün → yu yue yuan yun

 [위]

diàoyú
[띠아오위] 낚시

 [위에]

yuèliang
[위에리앙] 달

※ 운모 **ü**가 단독으로 쓰이면 **yu**로 표기합니다.

 [위엔]

yuǎn
[위엔] 멀다

 [윈]

yùndòng
[윈똥] 운동

※ 발음이 [**위안**]으로 들리는 경향이 있습니다.

102

1   다음 밑줄 친 병음에 유의해서 듣고 따라 읽으세요.

① <u>nǚ</u>péngyou   <u>nüè</u>dài

② <u>lǜ</u>sè   shěng<u>lüè</u>

③ <u>jú</u>zi   <u>jué</u>de   shì<u>juàn</u>   <u>jūn</u>duì

④ <u>qù</u>nián   <u>què</u>dìng   <u>quán</u>guó   <u>qún</u>zi

⑤ bì<u>xū</u>   <u>xué</u>xí   <u>xuàn</u>lì   <u>xún</u>zhǎo

2   녹음을 듣고 운모에 유의하여 맞는 것을 고르세요.

① nǚpéngyou (   )   nüèdài (   )

② lǜsè (   )   shěnglüè (   )

③ júzi (   )   juéde (   )

④ quèdìng (   )   quánguó (   )

⑤ xuànlì (   )   xúnzhǎo (   )

3   녹음을 듣고 빈칸에 들어갈 성모와 운모(성조포함)를 채워 넣으세요.

① _____péngyou

② _____duì

③ shì_____

④ _____nián

⑤ _____xí

Answers   2. ① nüèdài ② lǜsè ③ juéde ④ quánguó ⑤ xúnzhǎo
     3. ① <u>nǚ</u>péngyou ② <u>jūn</u>duì ③ shì<u>juàn</u> ④ <u>qù</u>nián ⑤ <u>xué</u>xí

만만하게 시작하는 병음과 성조 중국어 첫걸음

PART 3

경성과
성조변화
의히기

mā

má

mǎ

mà

경성은 가볍고 짧으며, 점을 찍듯 경쾌하게 발음됩니다. 1~4성과는 달리 자신의 음높이가 없기 때문에 앞 음절의 성조에 따라 그 높이가 변합니다. 경성은 성조 표시를 하지 않습니다.

1성+경성

*경성의 음높이는 빨간 점의 위치입니다.

māma [마마] 엄마

gēge [끄어거] 형, 오빠

2성+경성

yéye [이에이에] 할아버지

péngyou [펑여우] 친구

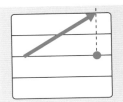

3성+경성

반3성으로 충분히 내린 다음 그 반동으로 살짝 튕겨주는 위치에서 경성을 발음합니다.

nǎinai [나이나이] 할머니

jiějie [지에지에] 언니, 누나

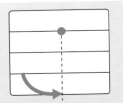

*3성 뒤에 1,2,4성 및 경성이 올 때 앞의 3성은 아래로 떨어지기만 하고 끝을 올리지 않습니다. 이것을 반3성이라고 합니다.(3성의 성조변화 참조)

4성+경성

bàba [빠바] 아버지

xièxie [시에시에] 고맙습니다

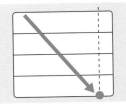

1 성조에 유의하여 다음 병음을 녹음을 듣고 따라 읽으세요.

① māma   tāmen

② yéye   érzi

③ jiějie   nǎinai

④ bàba   màozi

⑤ lái bu lái

2 녹음을 듣고 맞는 것을 고르세요.

① gēge (　　　)   gège (　　　)

② péngyou (　　　)   pěngyou (　　　)

③ jiějie (　　　)   jiějie (　　　)

④ xièxie (　　　)   xiēxie (　　　)

⑤ zhuōzi (　　　)   zhuōzi (　　　)

3 녹음을 듣고 올바른 성조를 표기하세요.

① wo de

② ta de

③ shenme

④ zenme

⑤ zhege

Answers 2. ① gēge ② péngyou ③ jiějie ④ xièxie ⑤ zhuōzi
      3. ① wǒ de ② tā de ③ shénme ④ zěnme ⑤ zhège

(1) 성조의 표시는 성모(모음) 위에 하며, 1~4성의 음높이 특징을 나타내주는 정해진 부호로 표시합니다.

제 1성   **mā**

제 2성   **má**

제 3성   **mǎ**

제 4성   **mà**

(2) 성모 i 위에 성조를 표시할 때는 i 위의 점 '·' 을 뺍니다.

예) **xǐyījī** [시이찌] 세탁기   **xīngqī** [씽치] 요일

(3) 경성일 때는 성조를 표시하지 않습니다.

예) **mèimei** [메이메이] 여동생   **dìdi** [띠디] 남동생   **wǒmen** [워먼] 우리

(4) 한 글자에 모음이 2개 이상일 때

a 〉 o, e 〉 i, u, ü 의 순서로 성조를 표시합니다.

- **a**가 있으면 무조건 **a** 위에 성조를 표시합니다.
  nǎinai [나이나이] 할머니   **lǎoshī** [라오스] 선생님   **hǎo** [하오] 좋다

- **o, e**는 함께 오는 경우가 없습니다. 따라서 **a**가 없는 경우 **o** 또는 **e**위에 성조를 표시합니다.
  jiějie [지에지에] 언니   **mèimei** [메이메이] 여동생   **dōu** [떠우] 모두
  xué [쉬에] 배우다

- **i u ü**는 무조건 뒤에 오는 것에 성조를 표시합니다.
  niúnǎi [니우나이] 우유   **jiǔguǐ** [지어우구에이] 술꾼

1 　성조에 유의하여 다음 병음을 녹음을 듣고 따라 읽으세요.

① xǐyījī　　　mócā

② wǒmen　　　mínzú

③ niúnǎi　　　piē

④ lǎoshī　　　pāimài

⑤ dōu　　　dǐtú

2 　녹음을 듣고 맞는 것을 고르세요.

① shuǐjiǎo (　　　)　　　shuìjiào (　　　)

② bùxíng (　　　)　　　bùxíng (　　　)

③ zōngzhī (　　　)　　　zōngzhǐ (　　　)

④ básī (　　　)　　　bàsì (　　　)

⑤ bàituō (　　　)　　　bǎ ituō (　　　)

3 　녹음을 듣고 올바른 성조를 표기하세요.

① gui

② liu

③ jian

④ piaoliang

⑤ zhuozi

Answers 2. ① shuǐjiǎo ② bùxíng ③ zōngzhǐ ④ bàsì ⑤ bàituō
3. ① guǐ ② liú ③ jiàn ④ piàoliang ⑤ zhuōzi

(1) 3성의 성조변화

● 3성이 연속될 때 앞의 3성은 2성으로 발음됩니다. (3성 + 3성 ⇒ 2성 + 3성)

hěn hǎo [흐언 하오] ⇒ **hén hǎo**
wǒ mǎi [워 메이] ⇒ **wó mǎi**

● 3성 뒤에 1, 2, 4성, 경성이 올 때 앞에 3성은 아래로 떨어지기만 하고 끝을 올리지 않습니다.
이것을 반3성이라고 합니다. (3성 + 1, 2, 4, 경성 ⇒ 반3성 + 1, 2, 4, 경성)

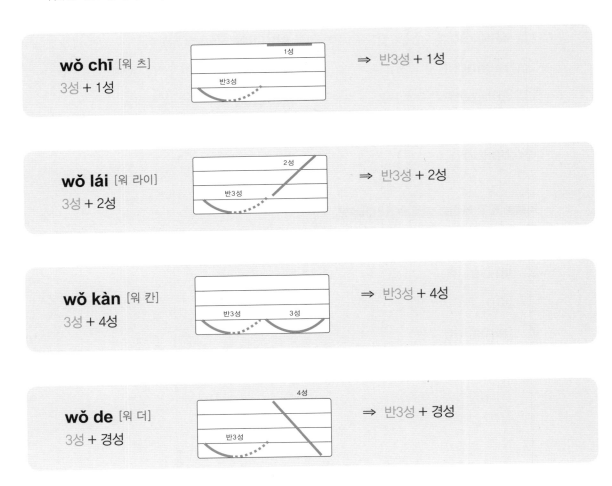

wǒ chī [워 츠]
3성 + 1성
⇒ 반3성 + 1성

wǒ lái [워 라이]
3성 + 2성
⇒ 반3성 + 2성

wǒ kàn [워 칸]
3성 + 4성
⇒ 반3성 + 4성

wǒ de [워 더]
3성 + 경성
⇒ 반3성 + 경성

발음연습 Check It Out!

1 성조에 유의하여 다음 병음을 녹음을 듣고 따라 읽으세요.

① wǒ chī   xǔduō

② wǒ lái   zǔguó

③ hěn hǎo   nǐ hǎo

④ wǒ de   ěrduo

⑤ wǒ kàn   wǎnfàn

2 녹음을 듣고 맞는 것을 고르세요.

① měilì (   )   méilǐ (   )

② yǔyān (   )   yǔyán (   )

③ shǒudú (   )   shǒudū (   )

④ xiǎojiě (   )   xiǎojie (   )

⑤ jiějie (   )   jiējié (   )

3 녹음을 듣고 올바른 성조를 표기하세요.(바뀐 성조로)

① lüxing

② weiba

③ shuiguo

④ nainai

⑤ henda

Answers 2. ① měilì ② yǔyán ③ shǒudū ④ xiǎojiě ⑤ jiějie
3. ① lǚxíng ② wěiba ③ shuǐguǒ ④ nǎinai ⑤ hěndà

04 숫자 yī(一)의 성조변화

숫자 **yī**(一)는 단독으로 쓰일 때나 서수의 경우를 제외하고는 대부분 뒤에 오는 성조에 따라 성조가 변화합니다.

● **yī**(一) 뒤에 1, 2, 3성이 올 때 **yī**는 4성 **yì**로 바뀝니다.

yī (一) + **jīn** (斤) ⟹ **yì jīn** [이 찐] 한 근
yī (一) + **píng** (瓶) ⟹ **yì píng** [이 핑] 한 병
yī (一) + **běn** (本) ⟹ **yì běn** [이 번] 한 권

● **yī**(一) 뒤에 4성이 올 때 **yī**는 2성 **yí**으로 바뀝니다.

yī (一) + **wàn** (万) ⟹ **yí wàn** [이 완] 일만
yī (一) + **jiàn** (件) ⟹ **yí jiàn** [이 찌엔] 한 건

1   성조에 유의하여 다음 병음을 녹음을 듣고 따라 읽으세요.

① yì jīn   dì yī

② yì píng   yì zhí

③ yì běn   yì zhǒng

④ yí wàn   yí qiè

⑤ yí ge   yì píng

2   녹음을 듣고 맞는 것을 고르세요.

① dí yì (   )   dì yī (   )

② yí ge (   )   yī gě (   )

③ yì qiě (   )   yí qiè (   )

④ yì tiān (   )   yì tián (   )

⑤ yī fēn (   )   yì fēn (   )

3   녹음을 듣고 올바른 성조를 표기하세요. (바뀐 성조로)

① yi zhi

② di yi tian

③ yi zhang

④ yi yan wei ding

⑤ yi xin yi yi

Answers 2. ① dì yī ② yí ge ③ yí qiè ④ yì tiān ⑤ yì fēn
          3. ① yí zhì ② dì yī tiān ③ yì zhǎng ④ yì yán wéi dìng ⑤ yì xīn yí yì

05 부정어 bù(不)의 성조변화

● 부정을 나타내는 **bù**(不)는 뒤에 1, 2, 3성이 올 때는 원래의 성조인 4성 **bù**로 발음합니다.

      bù lái (不来) [뿌 라이] 오지 않다

      bù mǎi (不买) [뿌 마이] 사지 않다

      bù chī (不吃) [뿌 츠] 먹지 않다

● 부정을 나타내는 **bù**(不) 뒤에 4성이 올 경우 **bù**는 본래의 성조를 잃고 2성 **bú**로 바뀌어 발음됩니다.

bù (不) + **qù** (去)	⇒	**bú qù** [부 취] 가지 않다
bù (不) + **kàn** (看)	⇒	**bú kàn** [부 칸] 보지 않다
bù (不) + **yào** (要)	⇒	**bú yào** [부 야오] 필요없다

발음연습 Check It Out!

1   성조에 유의하여 다음 병음을 녹음을 듣고 따라 읽으세요.

① bù chī   bù tīng

② bù lái   bù xué

③ bù mǎi   bù kǔ

④ bú yào   bú là

⑤ bù wén bú wèn

2   녹음을 듣고 맞는 것을 고르세요.

① bù sàn (   )   bú sàn (   )

② bù jí (   )   bù jì (   )

③ bù qī (   )   bú qǐ (   )

④ bù zhōng (   )   bù zhǒng (   )

⑤ bù guǎn (   )   bú guān (   )

3   녹음을 듣고 올바른 성조를 표기하세요. (바뀐 성조로)

① bu zou

② bu tian

③ bu shi

④ bu jia

⑤ bu jian bu san

Answers 2. ① bú sàn ② bù jí ③ bù qī ④ bù zhǒng ⑤ bù guǎn
        3. ① bù zǒu ② bù tiān ③ bú shì ④ bù jiá ⑤ bú jiàn bú sàn

115

얼화(èrhuà)

권설운모 **er**은 [**어**]발음에 혀를 들어 올려 발음하는 **r**을 추가하여 [**얼**]로 발음합니다. **er**은 성모 없이 단독으로 음절을 이루지 않고 다른 음절 뒤에 붙어 앞 음절의 일부로 동화되어 **èrhuà**[儿化 얼화]를 만들기도 합니다. 이처럼 어떤 음절이 '얼화'를 하게 되면 병음일 경우에는 원래의 운모 뒤에 **r**을 붙이고, 한자일 경우에는 儿자를 덧붙입니다.

얼화는 **huār**[花儿]처럼 작고 귀여운 의미를 강조하거나, 얼화로 인해 의미가 달라지는 경우도 있습니다. 예를 들어 **nà**[那] 하면 '저기, 저것'이라는 지시대명사의 의미이지만 **nàr**[那儿]이라고 하면 '그곳'이라는 장소를 나타내는 의미가 됩니다.

얼화의 방법

(1) **a o e**로 끝나는 운모에 얼화를 했을 때는 **a o e** 소리 뒤에 혀를 말아 올려 **r** 소리만 덧붙입니다.

> **nàr** [那儿 날] 저곳
> **hǎor** [好儿 하올] 칭찬

(2) **i ü**로 끝나는 복운모에 얼화를 했을 때는 **i ü** 소리를 빼고 혀를 말아 올려 **r** 소리만 덧붙입니다.

> **xiǎoháir** [小孩儿 시아오할] 꼬마
> **yúr** [鱼儿 위알] 물고기

※ 운미에 **i**가 오면 얼화를 할 때 **i**를 발음하지 않습니다.

(3) **zi ci si zhi chi shi**를 얼화했을 때 '으' 소리를 **e** 소리로 바꾼 다음 **r** 소리만 덧붙입니다.

> **jīzǐr** [鸡子儿 찌절] 달걀
> **méishìr** [没事儿 메이썰] 괜찮아요

(4) 비운모를 얼화했을 때는 **-n -ng** 소리를 빼고 **r** 소리만 덧붙입니다.

> **yìdiǎnr** [一点儿 이디알] 조금
> **yǎnjìngr** [眼镜儿 이엔찔] 안경

※ 운미에 **n**이 오면 얼화를 할 때 **n**은 발음하지 않습니다.

1 다음 병음을 녹음을 듣고 따라 읽으세요.

① èr　　　　ěr　　　　ér

② fěnmòr　　xiǎoháir

③ hǎowánr　dànhuángr

④ yǒuqùr

⑤ yúcìr

2 녹음을 듣고 운모에 유의하여 맞는 것을 고르세요.

① huā (　　　)　　　huār (　　　)

② yìdiǎn (　　　)　　yìdiǎnr (　　　)

③ shì (　　)　　　　shìr (　　　)

④ nàr (　　　)　　　nà (　　　)

⑤ yǒuqùr (　　　)　yǒuqù (　　　)

3 녹음을 듣고 빈칸에 들어갈 운모(성조포함)를 채워 넣으세요.

① yíkuài___

② fànguàn___

③ xìnf_____

④ xiǎoy___

⑤ yǒush___

Answers **2.** ① huār ② yìdiǎnr ③ shì ④ nà ⑤ yǒuqùr
　　　3. ① yíkuàir ② fànguànr ③ xìnfēngr ④ xiǎoyùr ⑤ yǒushìr

만만하게 시작하는 병음과 성조 중국어 첫걸음

PART 4

주제별 단어로
병음
익히기

과일에는...

야채에는...

꽃에는...

학교에는...

① **wǒ** [我 워] 나, 저

② **nǐ** [你 니] 너, 당신

③ **tā** [她 타] 그녀

④ **tā** [他 타] 그, 그이

⑤ **zhè** [这 쩌] 이, 이것
= **zhège** [这个 쩌거] 이것

⑥ **nà** [那 나] 그, 그것, 저, 저것
= **nàge** [那个 나거] 그것, 저것

***zhège**와 **nàge**는 구어체에서 **zhèige**[这(一)个], **nèige**[那(一)个]로도 쓰임

⑦ **nín** [您 닌] 당신(존칭)

⑧ **tā** [它 타] 그것(사람 이외의 것)

⑨ **~men** [们 먼] ~들

⑩ **nǎ** [哪 나] 어느, 어느 것

⑪ **zhèr** [这儿 쩔] = **zhèli** [这里 쩌리] 여기

⑫ **nàr** [那儿 날] = **nàlǐ** [那里 나리] 저기, 거기

⑬ **nǎr** [哪儿 날] 어디

⑭ **zhème** [这么 저머] = **zhèyàng** [这样 쩌양] 이런, 이렇게

⑮ **nàme** [那么 나머] = **nàyàng** [那样 나양] 그런, 저런, 그렇게, 저렇게

⑯ **zhèxiē** [这些 쩌시에] 이것들

⑰ **nàxiē** [那些 나시에] 저것들

⑱ **zuǒbian**
[左边 주어비엔] 왼쪽

⑲ **yòubian**
[右边 여우비엔] 오른쪽

㉓ **běibiān** [北边 베이삐엔] 북쪽

㉑ **xībian**
[西边 씨비엔] 서쪽

⑳ **dōngbiān**
[东边 똥삐엔] 동쪽

㉒ **nánbian**
[南边 난비엔] 남쪽

① **yánsè** [颜色 이엔써] 색깔

② **hóngsè** [红色 홍써] 빨간색

③ **chéngsè** [橙色 청써] 주황색

④ **huángsè** [黄色 후앙써] 노란색

⑤ **lǜsè** [绿色 뤼써] 녹색

⑥ **qīngsè** [青色 칭써] 청색(패션용어)

⑦ **lánsè** [蓝色 란써] 청색, 남색

⑧ **zǐsè** [紫色 즈써] 보라색

⑨ **hèsè** [褐色 흐어써] 갈색

⑩ **fěnsè** [粉色 펀써] 분홍색

⑪ **báisè** [白色 바이써] 흰색

⑫ **huīsè** [灰色 후에이써] 회색

⑬ **hēisè** [黑色 헤이써] 검정색

⑭ **yàngzi** [样子 양즈] 모양

⑮ **sānjiǎoxíng** [三角形 싼지아오싱] 삼각형

⑯ **zhèngsìjiǎoxíng**
[正四角形 쩡쓰지아오싱] 정사각형

⑰ **chángfāngxíng** [长方形 창팡싱]
직사각형

⑱ **língxíng** [菱形 링싱] 마름모

⑲ **quānzi** [圈子 취엔즈] 원

⑳ **tuǒyuánxíng** [椭圆形 투어위엔싱]
타원형

㉑ **wǔjiǎoxíng** [五角形 우지아오싱] 5각형

㉒ **yuánzhuī** [圆锥 위엔쭈에이] 원뿔

㉓ **lìfāngtǐ** [立方体 리팡티] 정육면체

㉔ **yuánzhù** [圆柱 위엔쭈] 원통형

㉕ **xiàntiáo** [线条 시엔티아오] 선

㉖ **diǎn** [点 디엔] 점

① **shùzì** [数字 쑤쯔] 숫자

② **líng** [零 링] 0, 영

③ **yī** [一 이] 1, 일, 하나

④ **èr** [二 얼] 2, 이, 둘

⑤ **sān** [三 싼] 3. 삼, 셋

⑥ **sì** [四 쓰] 4, 사, 넷

⑦ **wǔ** [五 우] 5, 오, 다섯

⑧ **liù** [六 리어우] 6, 육, 여섯

⑨ **qī** [七 치] 7, 칠, 일곱

⑩ **bā** [八 빠] 8, 팔, 여덟

⑪ **jiǔ** [九 지어우] 9, 구, 아홉

⑫ **shí** [十 스] 10, 십, 열

⑬ **shíyī** [十一 스이]
11, 십일, 열하나

⑭ **shíèr** [十二 스얼]
12, 십이, 열둘

⑮ **shísān** [十三 스싼]
13, 십삼, 열셋

⑯ **shísì** [十四 스쓰]
14, 십사, 열넷

⑰ **shíwǔ** [十五 스우]
15, 십오, 열다섯

⑱ **shíliù** [十六 스리어우]
16, 십육, 열여섯

⑲ **shíqī** [十七 스치]
17, 십칠, 열일곱

⑳ **shíbā** [十八 스빠]
18, 십팔, 열여덟

㉑ **shíjiǔ** [十九 스지어우]
19, 십구, 열아홉

㉒ **èrshí** [二十 얼스]
20, 이십, 스물

㉓ **sānshí** [三十 싼스]
30, 삼십, 서른

㉔ **sìshí** [四十 쓰스]
40, 사십, 마흔

㉕ **wǔshí** [五十 우스]
50, 오십, 쉰

㉖ **liùshí** [六十 리어우스]
60, 육십, 예순

㉗ **qīshí** [七十 치스] 70, 칠십, 일흔

㉘ **bāshí** [八十 빠스] 80, 팔십, 여든

㉙ **jiǔshí** [九十 지어우스] 90, 구십, 아흔

㉚ **yìbǎi** [一百 이바이] 백

㉛ **yìqiān** [一千 이치엔] 천

㉜ **yíwàn** [一万 이완] 만

㉝ **yíyì** [一亿 이이] 억

① **yī hào** [一号 이 하오] 1일
② **èr hào** [二号 얼 하오] 2일
③ **sān hào** [三号 싼 하오] 3일
④ **sì hào** [四号 쓰 하오] 4일
⑤ **wǔ hào** [五号 우 하오] 5일
⑥ **liù hào** [六号 리어우 하오] 6일
⑦ **qī hào** [七号 치 하오] 7일
⑧ **bā hào** [八号 빠 하오] 8일
⑨ **jiǔ hào** [九号 지어우 하오] 9일
⑩ **shí hào** [十号 스 하오] 10일
⑪ **shíyī hào**
　[十一号 스이 하오] 11일
⑫ **shíèr hào**
　[十二号 스얼 하오] 12일
⑬ **shísān hào**
　[十三号 스싼 하오] 13일
⑭ **shísì hào**
　[十四号 스쓰 하오] 14일
⑮ **shíwǔ hào**
　[十五号 스우 하오] 15일
⑯ **shíliù hào**
　[十六号 스리어우 하오] 16일
⑰ **shíqī hào**
　[十七号 스치 하오] 17일
⑱ **shíbā hào**
　[十八号 스빠 하오] 18일

⑲ **shíjiǔ hào**
　[十九号 스지어우 하오] 19일
⑳ **èrshí hào**
　[二十号 얼스 하오] 20일
㉑ **èrshíyī hào**
　[二十一号 얼스이 하오] 21일
㉒ **èrshíèr hào**
　[二十二号 얼스얼 하오] 22일
㉓ **èrshísān hào**
　[二十三号 얼스싼 하오] 23일
㉔ **èrshísì hào**
　[二十四号 얼스쓰 하오] 24일
㉕ **èrshíwǔ hào**
　[二十五号 얼스우 하오] 25일
㉖ **èrshíliù hào**
　[二十六号 얼스리어우 하오] 26일
㉗ **èrshíqī hào**
　[二十七号 얼스치 하오] 27일
㉘ **èrshíbā hào**
　[二十八号 얼스빠 하오] 28일
㉙ **èrshíjiǔ hào**
　[二十九号 얼스지어우 하오] 29일
㉚ **sānshí hào**
　[三十号 싼스 하오] 30일
㉛ **sānshíyī hào**
　[三十一号 싼스이 하오] 31일

③² **shànggèyuè**
[上个月 샹꺼위에] 지난 달

③³ **zhègeyuè**
[这个月 쩌거위에] 이번 달

③⁴ **xiàgèyuè**
[下个月 씨아꺼위에] 다음 달

5 May

6 June

7 July

S	M	T	W	T	F	S
			1	2	3	4
5	6	7	8	9	10	11
12	13	14	15	16	17	18
19	20	21	22	23	24	25
26	27	28	29	30	31	

① **jìjié** [季节 지쥐에] 계절

② **chūntiān** [春天 춘티엔] 봄

③ **xiàtiān** [夏天 시아티엔] 여름

④ **qiūtiān** [秋天 취우티엔] 가을

⑤ **dōngtiān** [冬天 똥티엔] 겨울

⑥ **yuè** [月 위에] 달, 월

⑦ **yī yuè**
[一月 이 위에] 1월

⑧ **èr yuè**
[二月 얼 위에] 2월

⑨ **sān yuè**
[三月 싼 위에] 3월

⑩ **sì yuè**
[四月 쓰 위에] 4월

⑪ **wǔ yuè**
[五月 우 위에] 5월

⑫ **liù yuè**
[六月 리어우 위에] 6월

⑬ **qī yuè**
[七月 치 위에] 7월

⑭ **bā yuè**
[八月 빠 위에] 8월

⑮ **jiǔ yuè**
[九月 지어우 위에] 9월

⑯ **shí yuè**
[十月 스 위에] 10월

⑰ **shíyī yuè**
[十一月 스이 위에] 11월

⑱ **shíèr yuè**
[十二月 스얼 위에] 12월

① **yuèlì** [月历 위에리] 달력 ② **nián** [年 니엔] 년

③ **xīngqī** [星期 싱치] 요일
④ **xīngqītiān** [星期天 싱치티엔] 일요일
⑤ **xīngqīyī** [星期一 싱치이] 월요일
⑥ **xīngqīèr** [星期二 싱치얼] 화요일
⑦ **xīngqīsān** [星期三 싱치싼] 수요일
⑧ **xīngqīsì** [星期四 싱치쓰] 목요일
⑨ **xīngqīwǔ** [星期五 싱치우] 금요일
⑩ **xīngqīliù** [星期六 싱치리우] 토요일

⑪ **shàngwǔ** [上午 샹우] 오전
⑫ **zǎoshang** [早上 자오샹] 아침

⑬ **xiàwǔ** [下午 시아우] 오후
⑭ **zhōngwǔ** [中午 쯍우] 정오
⑮ **báitiān** [白天 바이티엔] 낮, 대낮

⑲ **qiántiān**
[前天 치엔티엔] 그저께

⑳ **zuótiān**
[昨天 주어티엔] 어제

Mon	Tues	Wed	Thurs	Fri	Sat	Sun
	1	2	3	4	5	6
7	8	9	⑩	11	12	13
14	15	16	17	18		20
21	22	23	24	25	26	27
28	29	30	31			

㉑ **jīntiān**
[今天 찐티엔] 오늘

㉒ **míngtiān**
[明天 밍티엔] 내일

㉓ **hòutiān**
[后天 허우티엔] 모레

㉔ **rìzi** [日子 르즈] 날짜

㉕ **zhōumò** [周末 쩌우모어] 주말

⑯ **wǎnshang** [晚上 완샹] 저녁

⑰ **yèwǎn** [夜晚 이에완] 밤
⑱ **shēnyè** [深夜 션이에] 한밤중

131

① **shēntǐ** [身体 션티] 몸

② **méimao** [眉毛 메이마오] 눈썹

③ **yǎnjing** [眼睛 이엔징] 눈

④ **bízi** [鼻子 비즈] 코

⑤ **xiōng** [胸 시옹] 가슴

⑥ **gēbo** [胳膊 끄어보어] 팔

⑦ **shǒu** [手 셔우] 손

⑧ **tuǐ** [腿 투에이] 다리

⑨ **jiǎozhǐ** [脚趾 지아오즈] 발가락

⑩ **liǎn** [脸 리엔] 얼굴

⑪ **étóu** [额头 어터우] 이마

⑫ **ěrduo** [耳朵 얼두어] 귀

⑬ **miànjiá** [面颊 미엔지아] 볼

⑭ **zuǐ** [嘴 주에이] 입

⑮ **zuǐchún** [嘴唇 주에이춘] 입술

⑯ **dùzi** [肚子 뚜즈] 배

⑰ **xīgài** [膝盖 시까이] 무릎

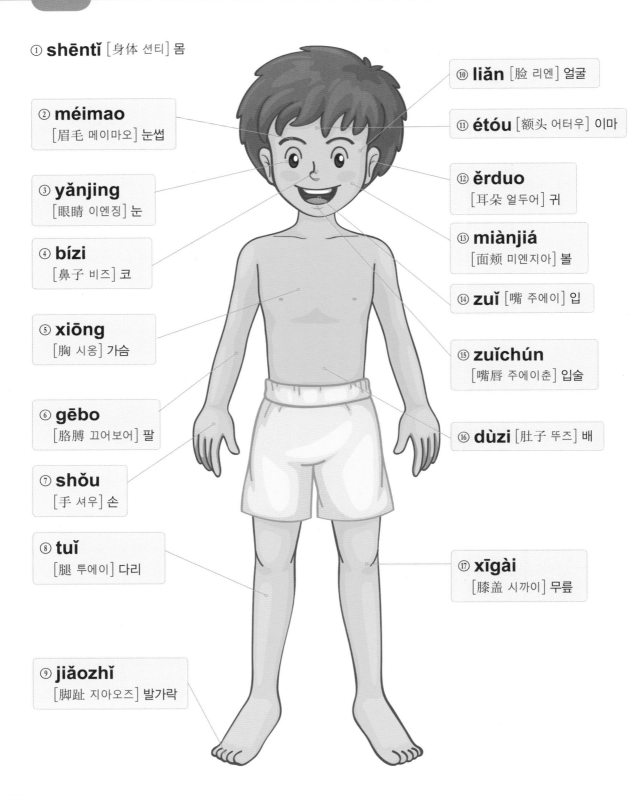

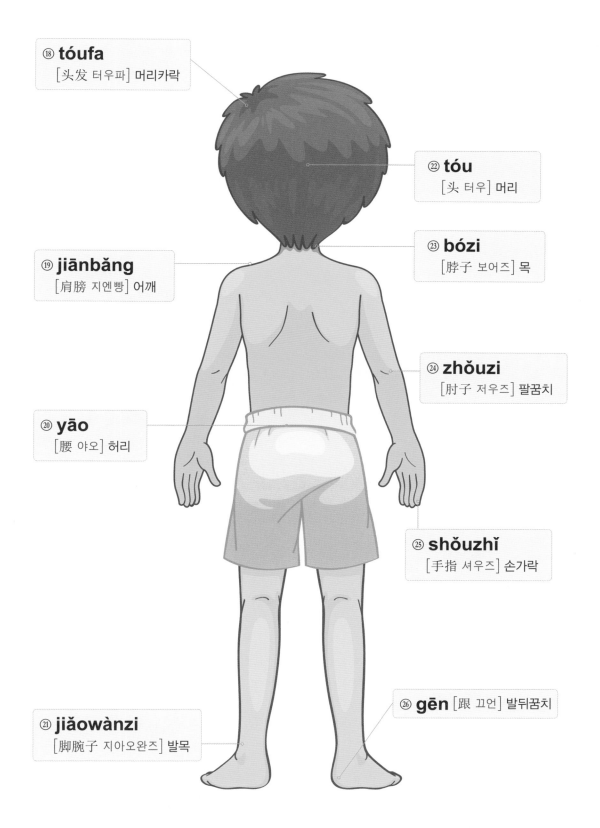

⑱ **tóufa**
[头发 터우파] 머리카락

㉒ **tóu**
[头 터우] 머리

㉓ **bózi**
[脖子 보어즈] 목

⑲ **jiānbǎng**
[肩膀 지엔빵] 어깨

㉔ **zhǒuzi**
[肘子 저우즈] 팔꿈치

⑳ **yāo**
[腰 야오] 허리

㉕ **shǒuzhǐ**
[手指 셔우즈] 손가락

㉖ **gēn** [跟 끄언] 발뒤꿈치

㉑ **jiǎowànzi**
[脚腕子 지아오완즈] 발목

① **jiāzú** [家族 찌아주] 가족

③ **yéye**
[爷爷 이에이에] 할아버지

④ **māma**
[妈妈 마마] 어머니

② **nǎinai**
[奶奶 나이나이] 할머니

⑤ **bàba**
[爸爸 빠바] 아버지

⑥ **nǚ'ér**
[女儿 뉘얼] 딸

⑦ **érzi**
[儿子 얼즈] 아들

⑧ **zhàngfu** [丈夫 짱푸] 남편

⑨ **qīzi** [妻子 치즈] 아내

⑩ **fūqī** [夫妻 푸치] 부부

⑪ **gēge** [哥哥 끄어거] 형

⑫ **mèimei** [妹妹 메이메이] 여동생

⑬ **xiōngdì** [兄弟 시옹띠] 형제

⑭ **qīnqi** [亲戚 친치] 친척

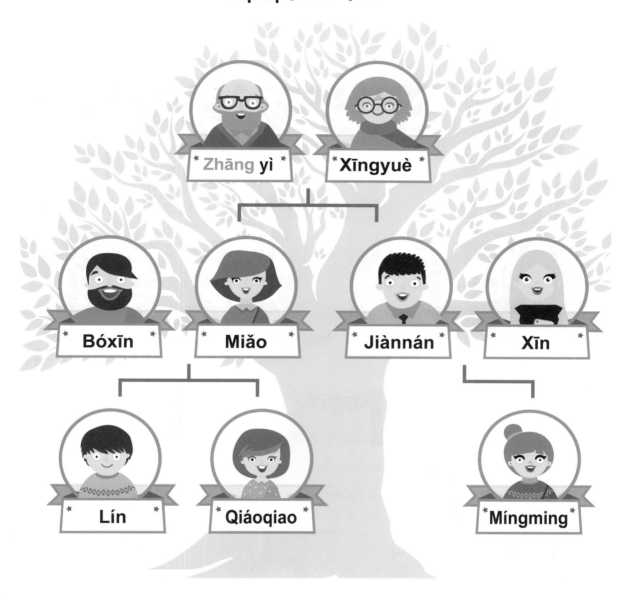

| Zhāng yì | Xīngyuè |

| Bóxīn | Miǎo | Jiànnán | Xīn |

| Lín | Qiáoqiao | | Míngming |

Bóxīn은 Míngming의　　⑮ **shūfù** [叔父 수푸] 아저씨　　입니다.

Xīn은 Qiáoqiáo의　　⑯ **shūmǔ** [叔母 수무] 아주머니　입니다.

Míngming은 miǎo의　　⑰ **zhínǚ** [侄女 즈뉘] 조카딸　　입니다.

Lín은 Jiànnán의　　⑱ **zhízi** [侄子 즈즈] 조카　　입니다.

Qiáoqiao은 Míngming의　⑲ **tángqīn** [堂亲 탕친] 사촌　　입니다.

135

① **kètīng** [客厅 크어팅] 거실

② **kōngtiáo** [空调 콩티아오] 에어컨

③ **lóutī** [楼梯 러우티] 계단

④ **diàndēng** [电灯 띠엔떵] 전등

⑤ **cházhuō** [茶桌 차쭈어] 티테이블

⑥ **bìzhōng** [壁钟 삐쫑] 벽시계

⑦ **qiáng** [墙 치앙] 벽

⑧ **diànshìjī** [电视机 띠엔쓰지] 텔레비전

⑨ **dìtǎn** [地毯 띠탄] 카펫

⑩ **shāfā** [沙发 싸파] 소파

⑪ **dǐngpéng** [顶棚 딩펑] 천장

⑫ **chuānglián** [窗帘 추앙리엔] 커튼

⑬ **chuāngkǒu** [窗口 추앙커우] 창문

⑭ **chuángzi** [床子 추앙즈] 선반

⑮ **táidēng** [台灯 타이떵] 탁상용 스탠드

⑯ **yǐzi** [椅子 이즈] 의자

⑰ **diànhuà** [电话 띠엔후아] 전화

⑱ **dìbǎn** [地板 띠반] 마루

① **wòshì** [卧室 워쓰] 침실

② **chuáng** [床 추앙] 침대

③ **bèizi** [被子 뻬이즈] 이불

④ **chōuti** [抽屉 처우티] 서랍

⑤ **shūzhuō** [书桌 쑤쭈어] 책상

⑥ **yīguì** [衣柜 이꾸에이] 옷장

⑦ **ěrjī** [耳机 얼찌] 헤드폰

⑧ **diànnǎo**
[电脑 띠엔나오] 컴퓨터

⑨ **zhěntou**
[枕头 전터우] 베개

⑩ **shūguì**
[书柜 쑤꾸에이] 책장

⑪ **chuángdān**
[床单 추앙딴] 시트

⑫ **jìngzi**
[镜子 징즈] 거울

⑬ **huàzhuāngpǐn**
[化妆品 후아쭈앙핀] 화장품

⑭ **shūzhuāngtái**
[梳妆台 쑤쭈앙타이] 화장대

⑮ **línyù**
[淋浴 린위] 샤워

⑯ **yùshì** [浴室 위쓰] 욕실

⑰ **yùgāng**
[浴缸 위깡] 욕조

139

① **chúfáng** [厨房 추팡] 부엌

② **wēibōlú** [微波炉 웨이뽀어루] 전자레인지

③ **càidāo** [菜刀 차이따오] 식칼

④ **guàntou** [罐头 꾸안터우] 통조림

⑤ **méiqìzào** [煤气灶 메이치짜오] 가스레인지

⑥ **cānchā** [餐叉 찬차] 포크
⑦ **chízi** [匙子 츠즈] 숟가락
⑧ **cāndāo** [餐刀 찬따오] 나이프

⑨ **kuàizi** [筷子 쿠아이즈] 젓가락

⑩ **píng** [瓶 핑] 병

⑪ **fànwǎn** [饭碗 판완] 밥공기

⑫ **bōlibēi** [玻璃杯 뽀어리뻬이] 유리잔

⑬ **pánzi** [盘子 판즈] 접시

⑭ **sháozi**
[勺子 샤오즈]
국자

⑮ **xiǎoguō**
[小锅 시아오꾸어]
냄비

⑯ **diànfànbāo**
[电饭煲 띠엔판빠오]
보온밥솥

⑰ **wǎnguì**
[碗柜 완꾸에이] 찬장

⑱ **dàqiǎnpán**
[大浅盘 따치엔판] 큰접시

⑲ **shuǐlóngtóu**
[水龙头 수에이롱터우] 수도꼭지

⑳ **bēizi** [杯子 뻬이즈] 컵

㉑ **xǐdícáo**
[洗涤槽 시디차오] 싱크대

㉒ **guō** [锅 꾸어] (중국식) 프라이팬

㉓ **hú**
[壶 후] 주전자

㉔ **bīngguì**
[冰柜 삥꾸에이] 냉동고

㉕ **bīngxiāng**
[冰箱 삥시앙] 냉장고

㉖ **kǎoxiāng**
[烤箱 카오시앙] 오븐

① **yīfu** [衣服 이푸] 옷

② **wéijīn** [围巾 웨이진] 머플러

③ **xiézi** [鞋子 시에즈] 구두

④ **shǒutào** [手套 셔우타오] 장갑

⑤ **chènshān** [衬衫 천샨] 와이셔츠

⑥ **lǐngdài** [领带 링따이] 넥타이

⑦ **kǒudai** [口袋 커우다이] 호주머니

⑧ **niǔkòu** [纽扣 니우커우] 단추

⑨ **jiākè** [夹克 지아크어] 재킷

⑩ **kùzi** [裤子 쿠즈] 바지

⑪ **shǒujuàn** [手绢 셔우쮀엔] 손수건

⑫ **kùdài** [裤带 쿠따이] 허리띠

⑬ **yǎnjìng** [眼镜 이엔찡] 안경

⑭ **yùndòngxié** [运动鞋 윈똥시에] 운동화

⑮ **qiánbāo**
[钱包 치엔빠오] 지갑

⑯ **shǒutíbāo** [手提包 셔우티빠오] 핸드백

⑰ **gāogēnxié**
[高跟鞋 까오끄언시에] 하이힐

⑱ **wàitào**
[外套 와이타오] 외투

⑲ **nǚchènyī** [女衬衣 뉘천이] 블라우스

⑳ **lǐfúqún** [礼服裙 리푸췬] 드레스

㉑ **qúnzi** [裙子 췬즈] 치마

㉒ **máoyī**
[毛衣 마오이] 스웨터

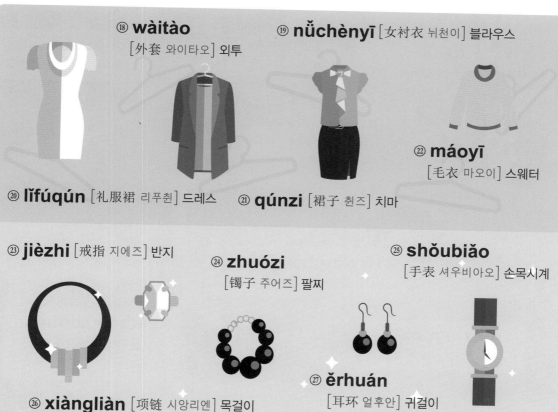

㉓ **jièzhi** [戒指 지에즈] 반지

㉔ **zhuózi**
[镯子 주어즈] 팔찌

㉕ **shǒubiǎo**
[手表 셔우비아오] 손목시계

㉖ **xiàngliàn** [项链 시앙리엔] 목걸이

㉗ **ěrhuán**
[耳环 얼후안] 귀걸이

㉘ **niúzǎikù**
[牛仔裤 니우자이쿠] 청바지

㉙ **chángtǒngxuē**
[长筒靴 창통쉬에] 부츠

㉚ **lǐmào** [礼帽 리마오] 중절모

㉛ **wàzi** [袜子 와즈] 양말

㉜ **yǔsǎn** [雨伞 위싼] 우산

㉝ **màozi** [帽子 마오즈] 모자

13 도시

① **chéngshì** [城市 청쓰] 도시

② **gōnggòngqìchē** [公共汽车 꿍꿍치처] 버스

③ **dàjiē** [大街 따지에] 큰길

④ **chēzhàn** [车站 처짠] 버스정류장

⑤ **jiē** [街 지에] 거리

⑥ **rénxínghéngdào** [人行横道 런싱형따오] 횡단보도

⑦ **rénxíngdào** [人行道 런싱따오] 인도

⑧ **jiāotōngxìnhào** [交通信号 찌아오통신하오] 교통신호

⑨ **shízilùkǒu** [十字路口 스쯔루커우] 사거리

⑩ **dìtiězhàn** [地铁站 띠티에짠] 지하철역

⑪ **cāntīng** [餐厅 찬팅] 식당

⑫ **qiáo** [桥 치아오] 다리

⑬ **tǐyùguǎn** [体育馆 티위구안] 체육관

⑭ **shūdiàn** [书店 수띠엔] 서점

⑮ **sàichǎng** [赛场 싸이창] 경기장

⑯ **gōngyù** [公寓 꿍위] 아파트

⑰ **yínháng** [银行 인항] 은행

⑱ **tiědào** [铁道 티에따오] 철도

⑲ **huǒchēzhàn** [火车站 후어처짠] 기차역

⑳ **shāngchǎng** [商场 샹창] 백화점

㉑ **jiàotáng** [教堂 찌아오탕] 교회

㉒ **gōngyuán** [公园 꽁위엔] 공원

㉓ **fàndiàn** [饭店 판띠엔] 호텔

㉔ **xuéxiào** [学校 쉬에시아오] 학교

㉕ **dòngwùyuán**
[动物园 똥우위엔] 동물원

㉖ **bówùguǎn**
[博物馆 보우구안] 박물관

㉗ **yóuyǒngchí**
[游泳池 여우용츠] 수영장

㉘ **diànyǐngyuàn**
[电影院 띠엔잉위엔] 영화관

㉙ **chāojíshìchǎng**
[超级市场 차오지쓰창] 슈퍼마켓

㉚ **túshūguǎn**
[图书馆 투쑤구안] 도서관

14 교실

① **jiàoshì** [教室 찌아오스] 교실

② **lǎoshī** [老师 라오스] 선생

③ **jiēshìpái** [揭示牌 찌에스파이] 게시판

④ **hēibǎn**
[黑板 헤이반] 칠판

⑤ **xuésheng**
[学生 쉬에셩] 학생

⑥ **shūzhuō**
[书桌 수쭈어] 책상

⑦ **yǐzi**
[椅子 이즈] 의자

⑧ **wénjù** [文具 원쮜] 문구(류)

⑨ **dìqiúyí** [地球仪 띠치우이] 지구의

⑩ **juǎnbǐdāo** [卷笔刀 쥐엔비따오] 연필깎이

⑪ **xiàngpí** [橡皮 시앙피] 지우개

⑫ **chǐzi** [尺子 츠즈] 자

⑬ **shū** [书 쑤] 책

⑭ **qiānbǐ** [铅笔 치엔비] 연필

⑮ **jiāoshuǐ** [胶水 찌아오수에이] 풀

⑯ **běnzi** [本子 번즈] 공책

⑰ **fěnbǐ** [粉笔 펀비] 분필

⑱ **dìtú** [地图 띠투] 지도

⑲ **guàlì** [挂历 꾸아리] 달력

⑳ **bǐhé** [笔盒 비흐어] 필통

㉑ **zhǐ** [纸 즈] 종이

㉒ **Hànyǔ** [汉语 한위] 중국어

㉓ **yīngyǔ** [英语 잉위] 영어

㉔ **shùxué** [数学 쑤쉬에] 수학

㉕ **lìshǐ** [历史 리스] 역사

㉖ **měishù** [美术 메이쑤] 미술

㉗ **yīnyuè** [音乐 인위에] 음악

㉘ **kēxué** [科学 크어쉬에] 과학

㉙ **jiàokēshū** [教科书 찌아오크어쑤] 교과서

㉚ **huìhuàyánliào**
[绘画颜料 후에이후아이엔리아오] 그림물감

① **yùndòng** [運動 윈똥] 스포츠, 운동

② **quánjī** [拳击 취엔찌] 권투

④ **jǔzhòng**
[举重 쥐쫑] 역도

③ **bàngqiú**
[棒球 빵치우] 야구

⑥ **zìxíngchēyùndòng**
[自行车运动 쯔싱처윈똥] 사이클링

⑤ **zúqiú**
[足球 쭈치우] 축구

⑦ **lánqiú**
[篮球 란치우] 농구

⑨ **bǎnqiú**
[板球 반치우] 크리켓

⑧ **wǎngqiú**
[网球 왕치우] 테니스

⑩ **yóuyǒng**
[游泳 여우용] 수영

⑪ **huábīng**
[滑冰 후아삥] 스케이팅

⑫ **huáxuěbǎnyùndòng**
[滑雪板运动 후아쉬에반윈똥]
스노보드

⑬ **huáxuě** [滑雪 후아쉬에] 스키

⑭ **gǎnlǎnqiú**
[橄榄球 간란치우] 럭비풋볼

⑮ **páiqiú** [排球 파이치우] 배구

⑯ **lěiqiú** [垒球 레이치우] 소프트볼

⑰ **shǒuqiú** [手球 셔우치우] 핸드볼

⑱ **mànpǎo** [慢跑 만파오] 조깅

⑲ **bǎolíngqiú** [保龄球 바오링치우] 볼링

⑳ **gāo'ěrfūqiú**
[高尔夫球 까오얼푸치우] 골프

㉑ **bìqiú** [壁球 삐치우] 스쿼시

㉒ **bīngqiú** [冰球 삥치우] 아이스하키

㉓ **yǔmáoqiú** [羽毛球 위마오치우]
배드민턴

㉔ **shuāijiāo** [摔跤 수아이찌아오] 레슬링

㉕ **pīngpāngqiú** [乒乓球 핑팡치우] 탁구

㉖ **wǔshù** [武术 우수] 무술

16 과일과 채소

① **shuǐguǒ** [水果 수에이구어] 과일

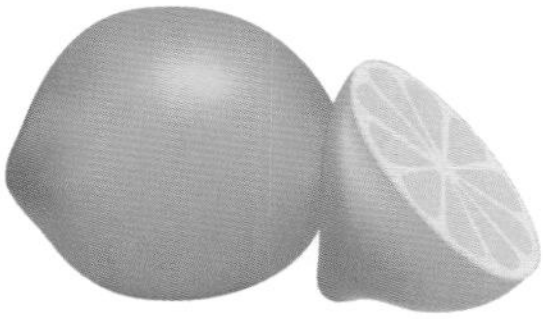

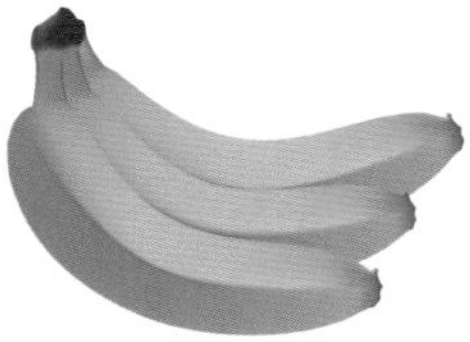

② **xiāngjiāo**
[香蕉 시앙찌아오] 바나나

③ **níngméng**
[柠檬 닝멍] 레몬

④ **xīguā** [西瓜 시꾸아] 수박

⑤ **chéngzi**
[橙子 청즈] 오렌지

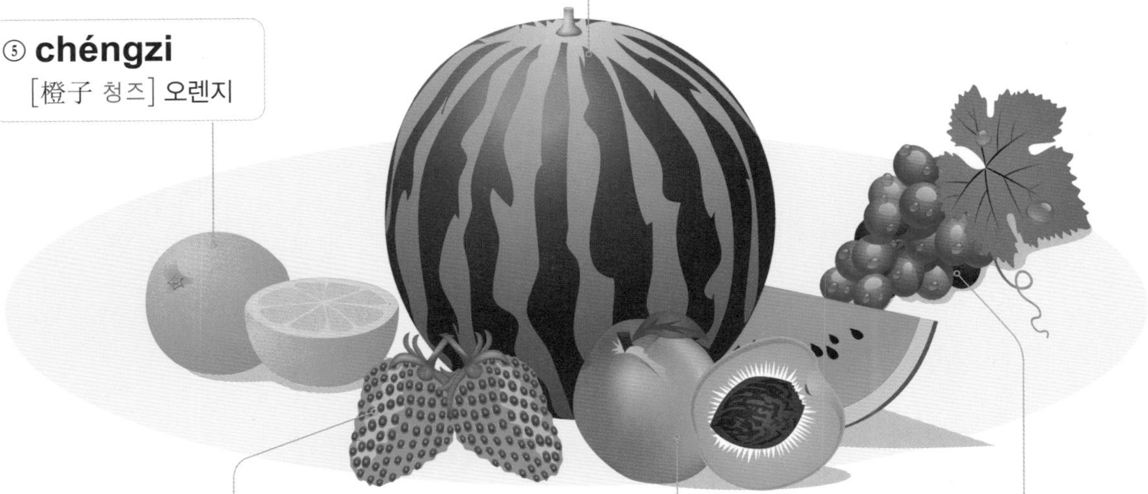

⑥ **cǎoméi**
[草莓 차오메이] 딸기

⑦ **táozi**
[桃子 타오즈] 복숭아

⑧ **pútáo**
[葡萄 푸타오] 포도

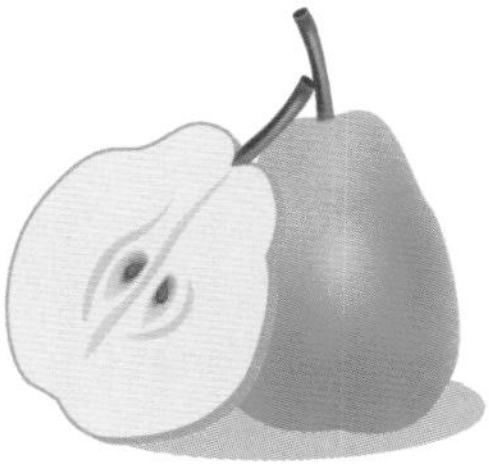

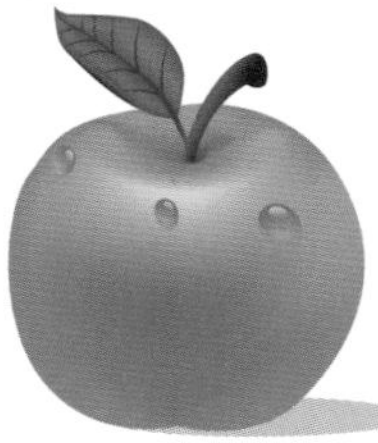

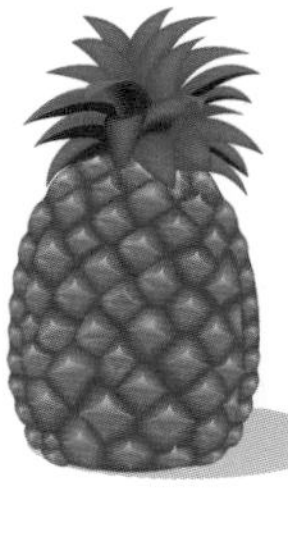

⑨ **lízi** [梨子 리즈] 배

⑩ **píngguǒ** [苹果 핑구어] 사과

⑪ **bōluó** [菠萝 뽀어루어] 파인애플

⑫ **shūcài** [蔬菜 쑤차이] 채소

⑭ **huángguā**
[黄瓜 후앙꾸아] 오이

⑮ **qiézi** [茄子 치에즈] 가지

⑬ **juǎnxīncài**
[卷心菜 쥐엔신차이] 양배추

⑰ **nánguā**
[南瓜 난꾸아] 호박

⑯ **xīhóngshì**
[西红柿 시홍쓰] 토마토

⑱ **tǔdòu**
[土豆 투떠우] 감자

㉑ **húluóbo**
[胡萝卜 후루어뽀어] 당근

⑲ **suàn**
[蒜 쑤안] 마늘

⑳ **shìzijiāo**
[柿子椒 쓰즈찌아오] 피망

㉒ **yángcōng**
[洋葱 양총] 양파

㉓ **dàdòu**
[大豆 따떠우] 콩

㉔ **tiáncài**
[甜菜 티엔차이] 비트

㉕ **jīngyēcài**
[茎椰菜 찡이에차이] 브로콜리

① **dòngwù** [动物 똥우] 동물

② **xiàng** [象 시앙] 코끼리

③ **xīniú** [犀牛 시니우] 코뿔소

④ **shīzi** [狮子 쓰즈] 사자

⑤ **shānyáng** [山羊 산양] 염소

⑥ **niú** [牛 니우] 소

⑦ **mǎ** [马 마] 말

⑧ **yáng** [羊 양] 양

⑨ **zhū** [猪 쭈] 돼지

⑩ **chángjǐnglù** [长颈鹿 창징루] 기린

⑪ **hémǎ** [河马 흐어마] 하마

⑫ **bānmǎ** [斑马 빤마] 얼룩말

⑬ **bàozi** [豹子 빠오즈] 표범

⑭ **èyú** [鳄鱼 어위] 악어

⑮ **húli** [狐狸 후리] 여우

⑯ **lù** [鹿 루] 사슴

⑰ **luòtuo** [骆驼 루어투어] 낙타

⑱ **tuóniǎo** [鸵鸟 투어니아오] 타조

⑲ **láng** [狼 랑] 늑대

⑳ **hǔ** [虎 후] 호랑이

㉑ **xióng** [熊 시옹] 곰

㉒ **hóuzi** [猴子 허우즈] 원숭이

㉓ **guī** [龟 꾸에이] 거북

㉔ **shé** [蛇 셔] 뱀

㉕ **tùzi** [兔子 투즈] 토끼

㉖ **wā** [蛙 와] 개구리

㉗ **lǎoshǔ** [老鼠 라오수] 생쥐

㉘ **gǒu** [狗 거우] 개

㉙ **māo** [猫 마오] 고양이

㉚ **dàxīngxing** [大猩猩 따싱싱] 고릴라

㉛ **dàxióngmāo** [大熊猫 따시옹마오] 판다

㉜ **tuóniǎo** [鸵鸟 투어니아오] 타조

① **hǎiyángdòngwù** [海洋动物 하이양똥우] 바다 동물

② **hǎitún** [海豚 하이툰] 돌고래

③ **shāyú** [鲨鱼 샤위] 상어

④ **hǎiguī** [海龟 하이꾸에이] 바다거북

⑤ **jīngyú** [鲸鱼 찡위] 고래

⑥ **gé** [蛤 그어] 조개

⑦ **yóuyú** [鱿鱼 여우위] 오징어

⑧ **pángxiè** [螃蟹 팡시에] 게

⑨ **hǎigǒu** [海狗 하이거우] 물개

⑩ **lóngxiā** [龙虾 롱시아] 바닷가재

⑪ **xiā** [虾 시아] 새우

⑫ **jīnqiāngyú** [金枪鱼 찐치앙위] 참치

⑬ **niǎo** [鸟 니아오] 새

⑭ **yīngwǔ**
[鸚鵡 잉우] 앵무새

⑮ **wūyā**
[乌鸦 우야] 까마귀

⑯ **jī**
[鸡 찌] 닭

⑰ **yāzi**
[鸭子 야즈] 오리

⑱ **qǐ'é**
[企鹅 치으어] 펭귄

⑲ **gēzi**
[鸽子 끄어즈] 비둘기

⑳ **kūnchóng** [昆虫 쿤총] 곤충

㉑ **fēng**
[蜂 펑] 벌

㉒ **mǎyǐ**
[蚂蚁 마이] 개미

㉓ **zhīzhū**
[蜘蛛 쯔쭈] 거미

㉔ **qīngtíng**
[蜻蜓 칭팅] 잠자리

㉕ **húdié**
[蝴蝶 후디에] 나비

㉖ **biānfú** [蝙蝠 삐엔푸] 박쥐

㉗ **hǎi'ōu** [海鸥 하이어우] 갈매기

㉘ **yànzi** [燕子 이엔즈] 제비

㉙ **hónghú** [鸿鹄 홍후] 백조

㉚ **ézi** [蛾子 으어즈] 나방

㉛ **cāngying** [苍蝇 창잉] 파리

㉜ **chóngzi** [虫子 총즈] 벌레

㉝ **wén** [蚊 원] 모기

155

① **zhíyè** [职业 즈이에] 직업

③ **nǚyǎnyuán**
[女演员 뉘이엔위엔] 여배우

⑤ **chúshī** [厨师 추쓰] 요리사

② **jūnrén** [军人 쮠런] 군인

④ **xiāofángduìyuán**
[消防队员 시아오팡뚜에이위엔] 소방관

⑦ **fēixíngyuán**
[飞行员 페이싱위엔] 조종사

⑨ **gōng'ān**
[公安 꽁안] 경찰관

⑥ **kōngzhōngxiǎojiě**
[空中小姐 콩쫑시아오지에] 스튜어디스

⑧ **tóudìyuán**
[投递员 터우띠위엔] 우편배달부

⑩ **nǔfúwùyuán**

[女服务员 뉘푸우위엔] 웨이트리스

⑪ **nánfúwùyuán**

[男服务员 난푸우위엔] 웨이터

⑫ **jiàoshī**

[教师 지아오쓰] 교사

⑬ **nóngfū**

[农夫 농푸] 농부

⑭ **dàifu**

[大夫 따이푸] 의사

⑮ **hùshi**

[护士 후스] 간호사

⑯ **yúfū** [渔夫 위푸] 어부

⑰ **jìzhě** [记者 찌저] 기자

⑱ **lùshī** [律师 뤼쓰] 변호사

⑲ **kēxuéjiā** [科学家 크어쉬에지아] 과학자

⑳ **yǎnyuán** [演员 이엔위엔] 배우

㉑ **yìshùjiā** [艺术家 위쑤지아] 예술가

㉒ **měiróngshī** [美容师 메이롱쓰] 미용사

㉓ **lǐfàyuán** [理发员 리파위엔] 이발사

㉔ **dīgē** [的哥 띠끄어] 택시기사

㉕ **shèjìshī** [设计师 셔찌쓰] 설계사

㉖ **gōngwùyuán**

[公务员 꽁우위엔] 공무원

㉗ **gōngrén** [工人 꽁런] 노동자

㉘ **kuànggōng** [矿工 쿠앙꽁] 광부

20 자연

① **zìrán** [自然 쯔란] 자연

② **yún** [云 윈] 구름

③ **cǎihóng** [彩虹 차이홍] 무지개

④ **zhuāngzi** [庄子 쭈앙즈] 마을

⑤ **nóngchǎng** [农场 농창] 농장

⑥ **niú** [牛 니우] 소

⑦ **héhuāchí** [荷花池 흐어후아츠] 연못

⑧ **tàiyáng** [太阳 타이양] 태양

⑨ **gǔ** [谷 구] 골짜기

⑩ **hú** [湖 후] 호수

⑪ **qiūlíng** [丘陵 치우링] 언덕

⑫ **tiányě** [田野 티엔이에] 들판

⑬ **shān** [山 샨] 산

⑭ **línzi** [林子 린즈] 숲

⑮ **hé** [河 흐어] 강

⑯ **tiānkōng** [天空 티엔콩] 하늘

⑰ **dǎo** [岛 다오] 섬

⑱ **dàhǎi** [大海 따하이] 바다

⑳ **hǎibīn** [海滨 하이삔] 바닷가

⑲ **yán'àn** [沿岸 이엔안] 연안

① **ruǎn** [软 루안] 부드럽다

② **yìng** [硬 잉] 딱딱하다

③ **gānjìng** [干净 깐찡] 깨끗하다

④ **zāng** [脏 짱] 더럽다

⑤ **dà** [大 따] 크다

⑥ **xiǎo** [小 시아오] 작다

⑦ **gèzi gāo** [个子高 꼬어즈 까오] 키가 크다

⑧ **gèzi ǎi** [个子矮 꼬어즈 아이] 키가 작다

⑨ **xīn** [新 신] 새롭다

⑩ **chénjiù** [陈旧 천찌어우] 낡다

⑪ **kuài** [快 쿠아이] 빠르다

⑫ **huǎnmàn** [缓慢 후안만] 늦다

⑬ **míng** [明 밍] 밝다
⑭ **hēi** [黑 헤이] 어둡다

⑮ **nán** [难 난] 어렵다
⑯ **róngyì** [容易 롱이] 쉽다

⑰ **nánshòu** [难受 난셔우] 슬프다
⑱ **xìngfú** [幸福 싱푸] 행복하다

⑲ **hǎo** [好 하오] 좋다
⑳ **bùhǎo** [不好 뿌하오] 나쁘다

㉑ **lěng** [冷 렁] 춥다
㉒ **rè** [热 르어] 덥다

㉓ **yuánrùn** [圆润 위엔룬] 매끄럽다
㉔ **cūcāo** [粗糙 추차오] 거칠다

㉕ **kuān** [宽 쿠안] 넓다
㉖ **zhǎi** [窄 자이] 좁다
㉗ **cū** [粗 추] 굵다
㉘ **xì** [细 시] 가늘다
㉙ **gāo** [高 까오] 높다

㉚ **dī** [低 띠] 낮다
㉛ **cháng** [长 창] 길다
㉜ **duǎn** [短 두안] 짧다
㉝ **zhòng** [重 쫑] 무겁다
㉞ **qīng** [轻 칭] 가볍다

① **kū** [哭 쿠] 울다

② **chī** [吃 츠] 먹다

③ **niàn** [念 니엔] 읽다

④ **dǎjià** [打架 다찌아] 다투다

⑤ **wán** [玩 완] 놀다

⑥ **pǎo** [跑 파오] 달리다

⑦ **zuò** [坐 쭈어] 앉다

⑧ **zǒu** [走 저우] 걷다

⑨ **kàn** [看 칸] 보다

⑩ **shūxiě** [书写 쑤시에] 쓰다

⑪ **hē** [喝 흐어] 마시다

⑫ **shuō** [说 쑤어] 말하다

⑬ **kāi** [开 카이] 운전하다

⑭ **pēngtiáo** [烹调 펑티아오] 요리하다

⑮ **duàn** [断 뚜안] 자르다

⑯ **gēchàng** [歌唱 끄어창] 노래하다

⑰ **yóuyǒng** [游泳 여우용] 수영하다

⑱ **wǔdǎo** [舞蹈 우다오] 춤추다

⑲ **xuéxí** [学习 쉬에시] 공부하다

⑳ **tīng** [听 팅] 듣다

㉑ **gǎnjué** [感觉 간쮀에] 느끼다

㉒ **yuán** [援 위엔] 당기다

㉓ **tuī** [推 투에이] 밀다

㉔ **xǐ** [洗 씨] 씻다

㉕ **qù** [去 취] 가다

㉖ **lái** [来 라이] 오다

㉗ **qǐlai** [起来 치라이] 일어서다

㉘ **shuìjiào** [睡觉 쑤에이찌아오] 잠자다

㉙ **gōngzuò** [工作 꽁쭈어] 일하다

㉚ **sǐ** [死 씨] 죽다

㉛ **hǎn** [喊 한] 부르다

Zǎoshang hǎo!

[자오샹 하오]

안녕하세요.(아침)

Wǔān!

[우안]

안녕하세요.(낮)

Wǎnshang hǎo!

[완샹 하오]

안녕하세요.(저녁)

Nǐ hǎo!

[니 하오]

안녕하세요.

Nǐ hǎo ma?

[니 하오 마]

잘 지내셨습니까?

Wǒ hěn hǎo, nǐne?

[워 흐언 하오 니너]

잘 지냅니다. 당신은요?

Zài jiàn!

[짜이 찌엔]

안녕히 계십시오.

Míngtiān jiàn.

[밍티엔 찌엔]

내일 봐요.

Xièxie.
[시에시에]
고마워요.

Fēicháng gǎnxiè.
[페이창 간시에]
대단히 감사합니다.

Búkèqi.
[부 크어치]
천만에요.

Nǐ xīnkǔle.
[니 신쿠러]
수고하셨습니다.

Duì buqǐ.
[뚜에이 부치]
미안합니다.

Méi guānxi.
[메이 꾸안시]
괜찮습니다.

Zhēn duì buqǐ.
[쩐 뚜에이 부치]
정말로 죄송합니다.

Wǎn'ān.
[완 안]
안녕히 주무세요.

Hǎojiǔ bújiàn le.
[하오지우 부지엔 러]
오랜만이야.

만만하게 시작하는 병음과 성조 중국어 첫걸음

PART 5

문장으로
중국어
익히기

Wǒ shì ~

Wǒ búshì ~

01 ~은 ~입니다

 중국어의 기본 어순은 '**주어+술어**' 입니다. 술어의 목적어가 있을 경우 목적어는 술어 다음에 오며, 술어가 되는 동사 是(shì)는 우리말의 '**~입니다**' 라는 뜻입니다. 따라서 '**주어+是**(shì)**+목적어**' 의 형태는 뒤에 명사가 오면 '**~은 ~입니다**' 의 뜻으로 명사술어문이 됩니다.

1 Wǒ shì xuésheng.
워 스 쉬에성

我是学生。

🖉

나는 학생입니다.

2 Wǒmen shì péngyou.
워먼 스 펑여우

我们是朋友。

🖉

우리는 친구입니다.

3 Tā shì wǒ gēge.
타 스 워 끄어거

他是我哥哥。

🖉

그는 내 형입니다.

4 Tāmen shì lǎoshī.
타먼 스 라오스

他们是老师。

🖉

그들은 선생님입니다.

02 ~은 ~이 아닙니다

Wǒ búshì Hánguórén.
워   부스   한구어런

我   不是   韩国人。

나는   한국인이   아닙니다.

명사술어문에서 是(shì)는 긍정을 서술하지만, 是(shì)에 不(bù)를 접속한 不是(búshì)는 부정을 나타냅니다. 따라서 '**주어+不是+목적어**' 의 형태는 우리말의 '**~은 ~가 아닙니다**' 의 뜻을 나타냅니다. 이때 不(bù)는 본래 4성이지만 是(shì)가 4성이므로 2성으로 바뀝니다.

---

1 **Wǒ** búshì **xuésheng.**
워 부스 쉬에셩

我不是学生。

나는 학생이 아닙니다.

---

2 **Wǒmen** búshì **péngyou.**
워먼 부스 펑여우

我们不是朋友。

우리는 친구가 아닙니다.

---

3 **Tā** búshì **wǒ gēge.**
타 부스 워 끄어거

他不是我哥哥。

그는 내 형이 아닙니다.

---

4 **Tāmen** búshì **lǎoshī.**
타먼 부스 라오스

他们不是老师。

그들은 선생님이 아닙니다.

---

03 ~은 ~입니까?

주어+是+명사(보어)+吗?

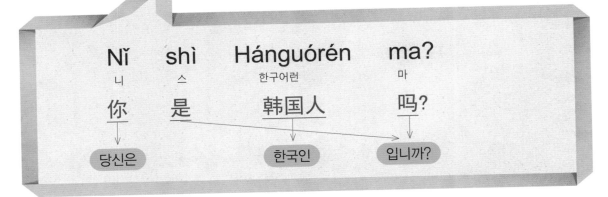

Nǐ shì **Hánguórén** ma?
니 스 한구어런 마

你 是 韩国人 吗?

당신은 한국인 입니까?

 평서문을 의문문으로 만드는 가장 간단한 방법은 문장 끝에 의문조사 吗(ma)를 붙이는 것입니다. 또, 술어의 긍정형과 부정형을 병렬하여 '~**인가요, 아닌가요?**' 라고 묻는 정반의문문도 있는데, 긍정형의 是(shì)와 부정형의 不是(búshì)를 나란히 병렬합니다. 이때는 의문조사 吗(ma)를 쓰지 않습니다.

---

1 **Nǐ** shì **xuésheng** ma?
니 스 쉬에셩 마

你是学生吗?

당신은 학생입니까?

✎ _____

---

2 **Nǐmen** shì **péngyou** ma?
니먼 스 펑여우 마

你们是朋友吗?

당신들은 친구입니까?

✎ _____

---

3 **Nǐ** shì búshì **Shànghǎirén**?
니 스 부스 샹하이런

你是不是上海人?

당신은 상해 사람인가요?

✎ _____

---

4 **Nǐ** shì búshì **Jīn xiānsheng**?
니 스 부스 찐 시엔셩

你是不是金先生?

당신은 김씨이시죠?

✎ _____

✏️ 우리말과 한자를 보고 병음과 성조를 써보세요.

1   나는 학생입니다.
    我是学生。

    ▶

2   그는 내 형입니다.
    他是我哥哥。

    ▶

3   우리는 친구가 아닙니다.
    我们不是朋友。

    ▶

4   그들은 선생님이 아닙니다.
    他们不是老师。

    ▶

5   당신들은 친구입니까?
    你们是朋友吗?

    ▶

6   당신은 상하이 사람인가요?
    你是不是上海人?

    ▶

Answers 1. Wǒ shì xuésheng.   2. Tā shì wǒ gēge.   3. Wǒmen búshì péngyou.   4. Tāmen búshì lǎoshī.
5. Nǐmen shì péngyou ma?   6. Nǐ shì bú shì Shànghǎirén?

주어+(很)+형용사

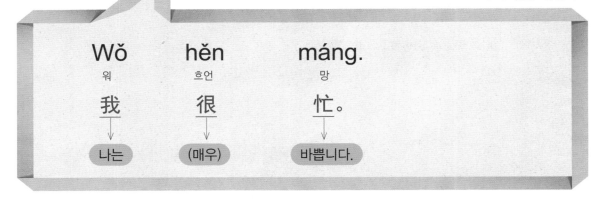

Wǒ　hěn　máng.
워　흐언　망
我　很　忙。
나는　(매우)　바쁩니다.

중국어는 영어와는 달리 형용사가 동사 없이 직접 술어로 쓰이기 때문에 특별히 강조하는 의미가 없다면 我是很忙이라고 하지 않습니다. 형용사의 긍정문에서는 형용사 앞에 반드시 정도를 나타내는 부사가 很(hěn), 大(dà), 非常(fēicháng) 등이 놓여야 합니다. 또한 단음절 형용사 앞에는 보통 很(hěn)을 붙여주는데 '매우, 많이'라는 뜻을 강조하는 것이 아니라 습관적으로 쓰는 표현입니다.

1　Wǒ hěn gāoxìng.
　워 흐언 까오씽

　我很高兴。

나는 기분이 좋습니다.

2　Nǐ de fángjiān hěn dà.
　니 더 팡지엔 흐언 따

　你的房间很大。

당신의 방은 아주 크군요.

3　Tā hěn niánqīng.
　타 흐언 니엔칭

　她很年轻。

　

그녀는 젊습니다.

4　Zhège cài fēicháng hǎochī.
　쩌거 차이 페이창 하오츠

　这个菜非常好吃。

이 음식은 매우 맛있습니다.

주어+不+형용사

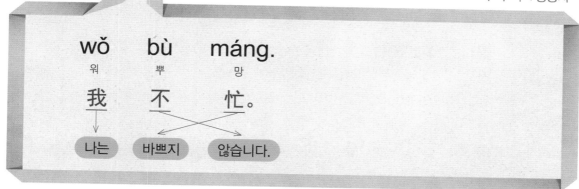

wǒ   bù   máng.
워   뿌   망
我   不   忙。

나는 | 바쁘지 | 않습니다.

형용사술어문에서 是(shì)는 긍정을 나타내지만, 是(shì)에 不(bù)를 접속한 不是(búshì)는 부정을 나타냅니다. 따라서 '**주어+不+형용사**'의 형태는 우리말의 '**~은 ~하지 않습니다**'의 뜻이 됩니다.

---

1 **Wǒ** bù gāoxìng.
워 뿌 까오씽

我不高兴。

나는 기분이 좋지 않습니다.

---

2 **Nǐ de fángjiān** bú dà.
니 더 팡지엔 부 따

你的房间不大。

당신의 방은 크지 않군요.

---

3 **Tā** bù niánqīng.
타 뿌 니엔칭

她不年轻。

그녀는 젊지 않습니다.

---

4 **Zhège cài** bù hǎochī.
쩌거 차이 뿌 하오츠

这个菜不好吃。

이 음식은 맛있지 않습니다.

173

주어+형용사+吗?

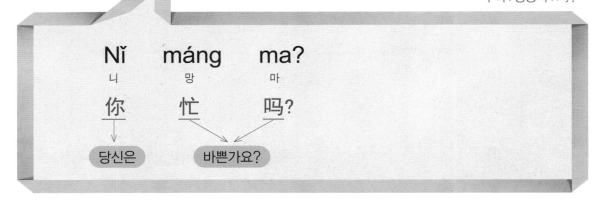

Nǐ máng ma?
니 망 마

你 忙 吗?

당신은 | 바쁜가요?

형용사술어문도 마찬가지로 평서문을 의문문으로 만드는 가장 간단한 방법은 문장 끝에 의문조사 吗(ma)를 붙이는 것입니다. 또, 형용사술어의 긍정형과 부정형을 병렬하여 '~한가요, 안 한가요?'라고 묻는 정반의 문문도 있는데, 형용사의 긍정형과 부정형을 나란히 병렬합니다. 이때는 의문조사 吗(ma)를 쓰지 않습니다.

1 Nǐ de fángjiān dà ma?　　　　　　　　당신의 방은 큽니까?
니 더 팡지엔 따 마

你的房间大吗?

2 Zhè liàng qìchē guì ma?　　　　　　　이 차는 비싼가요?
쩌 리앙 치처 꾸에이 마

这辆汽车贵吗?

3 Nǐ máng bumáng?　　　　　　　　　　당신은 바쁜가요?
니 망 부망

你忙不忙?

4 Zhège cài hǎo buhǎochī?　　　　　　이 음식은 맛있나요?
쩌거 차이 하오 부하오츠

这个菜好不好吃? *好吃不好吃를 好不好吃라고 축약할 수 있습니다.

✏️ 우리말과 한자를 보고 병음과 성조를 써보세요.

1 나는 기분이 좋습니다.
我很高兴。

▶

2 이 음식은 매우 맛있습니다.
这个菜非常好吃。

▶

3 나는 기분이 좋지 않습니다.
我不高兴。

▶

4 그녀는 젊지 않습니다.
她不年轻。

▶

5 당신의 방은 큽니까?
你的房间大吗?

▶

6 당신은 바쁜가요?
你忙不忙?

▶

Answers 1. Wǒ hěn gāoxìng. 2. Zhège cài fēicháng hǎochī. 3. Wǒ bù gāoxìng 4. Tā bù niánqīng.
5. Nǐ de fángjiān dà ma? 6. Nǐ máng bumáng?

07 ~은 ~을 합니다

주어+동사+목적어

중국어에서 동작, 심리활동, 상태의 발전이나 변화, 판단, 소유, 존재 따위를 나타내는 말을 동사라고 하며 동사가 술어의 주요 성분이 되는 문장을 동사술어문이라고 합니다. 동사술어문 중에서 가장 간단한 형식은 '**주어＋동사술어**'의 형식이며, '**주어＋동사＋목적어**'의 형태는 '**~은 ~을 합니다**'의 뜻으로 동사 뒤에 목적어가 놓입니다. 또한, 중국어에서 동사술어는 주어의 인칭이나 수에 의해 변하지 않습니다.

---

1   Wǒ qù Zhōngguó.
워 취 쯍구어

我去中国。

나는 중국에 갑니다.

✎

---

2   Tā tīng yīnyuè.
타 팅 인위에

她听音乐。

그녀는 음악을 듣습니다.

✎

---

3   Wǒ xuéxí Hànyǔ.
워 쉬에시 한위

我学习汉语。

나는 중국어를 배웁니다.

✎

---

4   Tā měitiān zǎoshang kàn bàozhǐ.
타 메이티엔 자오샹 칸 빠오즈

他每天早上看报纸。

그는 매일 아침 신문을 봅니다.

✎

주어+不+동사+목적어

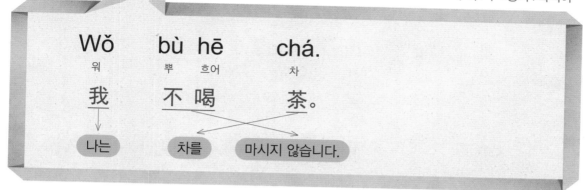

Wǒ   bù hē   chá.
워   뿌 흐어   차

我   不 喝   茶。

나는   차를   마시지 않습니다.

술어동사 앞에 부정을 나타내는 부사 不(bù)를 쓰면 부정문이 됩니다. 이때 不는 우리말에서 '~하지 않습니다' 라는 의미를 나타냅니다. 不(bù)는 원래 4성이지만 뒤에 오는 성조에 따라 성조가 달라지므로 변화에 주의해야 합니다.

---

1 Wǒ bú qù Zhōngguó.
워 부 취 종구어

我不去中国。

나는 중국에 가지 않습니다.

---

2 Tā bù tīng yīnyuè.
타 뿌 팅 인위에

她不听音乐。

그녀는 음악을 듣지 않습니다.

---

3 Wǒ bù xuéxí Hànyǔ.
워 뿌 쉬에시 한위

我不学习汉语。

나는 중국어를 배우지 않습니다.

---

4 Tā měitiān zǎoshang bú kàn bàozhǐ.
타 메이티엔 자오상 부 칸 빠오즈

他每天早上不看报纸。

그는 매일 아침 신문을 보지 않습니다.

177

09 ~은 ~을 합니까?

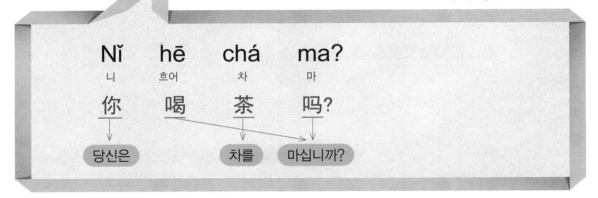

Nǐ hē chá ma?
니 흐어 차 마
你 喝 茶 吗?
당신은 / 차를 / 마십니까?

 동사술어문도 마찬가지로 평서문을 의문문으로 만드는 가장 간단한 방법은 문장 끝에 의문조사 吗(ma)를 붙이는 것입니다. 또, 동사술어의 긍정형과 부정형을 병렬하여 '~한가요, 안 한가요?'라고 묻는 정반의문 문도 있는데, 동사의 긍정형과 부정형을 나란히 병렬합니다. 이때는 의문조사 吗(ma)를 쓰지 않습니다.

1 **Nǐ qù Zhōngguó ma?**
니 취 쫑구어 마

你去中国吗?

당신은 중국에 갑니까?

2 **Tā xuéxí Hànyǔ ma?**
타 쉬에시 한위 마

她学习汉语吗?

그녀는 중국어를 배웁니까?

3 **Nǐ hē buhē chá?**
니 흐어 부흐어 차

你喝不喝茶?

당신은 차를 마십니까?

4 **Nǐ chī buchī shēngyúpiàn?**
니 츠 부츠 셩위피엔

你吃不吃生鱼片?

당신은 생선회를 드시나요?

✐ 우리말과 한자를 보고 병음과 성조를 써보세요.

1   나는 중국에 갑니다.
我去中国。

▶

2   나는 중국어를 배웁니다.
我学习汉语。

▶

3   그녀는 음악을 듣지 않습니다.
她不听音乐。

▶

4   그는 매일 아침 신문을 보지 않습니다.
他每天早上不看报纸。

▶

5   그녀는 중국어를 배웁니까?
她学习汉语吗?

▶

6   당신은 차를 마십니까?
你喝不喝茶?

▶

Answers 1. Wǒ qù Zhōngguó.   2. Wǒ xuéxí Hànyǔ.   3. Tā bù tīng yīnyuè.
4. Tā měitiān zǎoshang bú kàn bàozhǐ.   5. Tā xuéxí Hànyǔ ma?   6. Nǐ hē buhē chá?

10 ~은 ~이 있습니다

Wǒ   yǒu   qìchē.
워   여우   치처

我   有   汽车。

나는   자동차가   있습니다.

 有(yǒu)는 '~을 갖고 있다'라는 뜻의 동사로 소유를 나타냅니다. 이때 주어는 사람이 오고 뒤에 오는 목적어에 따라 有(yǒu) 앞에 수사와 양사를 붙이기도 합니다.

1   Wǒ yǒu shǒujī.
워 여우 셔우지

我有手机。

나는 휴대폰이 있습니다.

2   Tā yǒu kèběn.
타 여우 크어번

她有课本。

그녀는 교과서가 있습니다.

3   Wǒ yǒu shíjiān.
워 여우 스지엔

我有时间。

나는 시간이 있습니다.

4   Wǒ yǒu gēge.
워 여우 끄어거

我有哥哥。

나는 형이 있습니다.

주어+没有+목적어

Wǒ 　　　 méiyǒu 　　　 qìchē.
워 　　　　　 메이여우 　　　　 치처
我 　　　　　 没有 　　　　　 汽车。

나는 　　　 차가 　　　 없습니다.

 소유를 나타내는 有(yǒu)의 부정형은 不有가 아니라 没有(méi yǒu)입니다. 이처럼 다른 동사술어문의 부정형과 달리 不를 쓰지 않습니다. 또한, 뒤에 목적어가 있는 경우 「没」만 쓸 수도 있습니다.

---

1 Wǒ méiyǒu shǒujī.
워 메이여우 셔우지

我没有手机。

나는 휴대폰이 없습니다.

---

2 Tā méiyǒu kèběn.
타 메이여우 크어번

她没有课本。

그녀는 교과서가 없습니다.

---

3 Wǒ méiyǒu shíjiān.
워 메이여우 스지엔

我没有时间。

나는 시간이 없습니다.

---

4 Wǒ méiyǒu gēge.
워 메이여우 끄어거

我没有哥哥。

나는 형이 없습니다.

주어+有+목적어+吗?

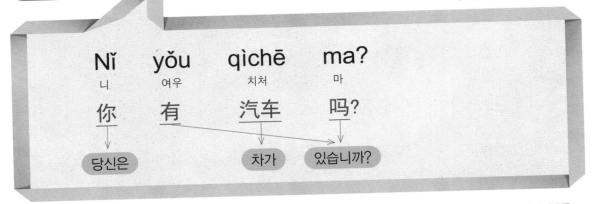

Nǐ   yǒu   qìchē   ma?
니   여우   치처   마

你   有   汽车   吗?

↓   ↓   ↓
당신은   차가   있습니까?

소유를 나타내는 有(yǒu)의 의문문도 마찬가지로 문장 끝에 吗(ma)를 붙여서 표현합니다. 또한, 정반의문문을 만들 때 동사의 긍정형과 부정형의 병렬은 有没有(yǒu méi yǒu)가 됩니다.

---

1 Nǐ yǒu gēge ma?
니 여우 끄어거 마

你有哥哥吗?

당신은 형이 있습니까?

✎

---

2 Nǐ yǒu shénme hǎo zhǔyi?
니 여우 션머 하오 주이

你有什么好主意?

당신은 무슨 좋은 생각이 있습니까?

✎

---

3 Nǐ yǒu meiyǒu qìchē?
니 여우 메이여우 치처

你有没有汽车?

당신은 차가 있습니까?

✎

---

4 Nǐ yǒu meiyǒu háizi?
니 여우 메이여우 하이즈

你有没有孩子?

당신은 아이가 있습니까?

✎

✏️ 우리말과 한자를 보고 병음과 성조를 써보세요.

1 나는 휴대폰이 있습니다.
我有手机。

2 나는 시간이 있습니다.
我有时间。

3 그녀는 교과서가 없습니다.
她没有课本。

4 나는 형이 없습니다.
我没有哥哥。

5 당신은 무슨 좋은 생각이 있습니까?
你有什么好主意?

6 당신은 차가 있습니까?
你有没有汽车?

Answers 1. Wǒ yǒu shǒujī.   2. Wǒ yǒu shíjiān.   3. Tā méi yǒu kèběn.   4. Wǒ méi yǒu gēge.
5. Nǐ yǒu shénme hǎo zhǔyi?   6. Nǐ yǒu meiyǒu qìchē?

주어(장소)+有+목적어

Zhèr	yǒu	diàntī.
쩔	여우	띠엔티
这儿	有	电梯。
↓		
이곳에	엘리베이터가	있습니다.

有(yǒu)는 앞서 배웠듯이 소유를 나타내기도 하고, 장소를 뜻하는 말이 주어가 되면 有(yǒu)는 '~이 있습니다' 라는 뜻의 존재를 나타냅니다. 어순은 **주어(장소)+有+목적어** 가 되며 '**~에 ~가 있습니다**' 의 뜻이 됩니다.

---

1 **Zhèlǐ yǒu shítáng.**
쩌리 여우 스탕

这里有食堂。

여기에 식당이 있습니다.

_____

2 **Nàli yǒu chēzhàn.**
나리 여우 처짠

那里有车站。

저기에 역이 있습니다.

_____

3 **Wǒ jiā yǒu wǔ kǒu rén.**
워 지아 여우 우 커우 런

我家有五口人。

우리는 다섯 식구입니다.

_____

4 **Bīngxiāng lǐ yǒu sān píng píjiǔ.**
삥시앙 리 여우 싼 핑 피지우

冰箱里有三瓶啤酒。

냉장고 안에 맥주 세 병이 있습니다.

_____

184

주어(장소)+没有+목적어

Zhèr	méiyǒu	diàntī.
쩔	메이여우	띠엔티
这儿	没有	电梯。
이곳에	엘리베이터가	없습니다.

 존재를 나타내는 有(yǒu)의 부정형은 不有가 아니라 没有(méiyǒu)입니다. 이처럼 다른 동사술어문의 부정형과 달리 不를 쓰지 않습니다. 또한, 뒤에 목적어가 있는 경우 没만 쓸 수도 있습니다.

---

1 **Zhèlǐ** méiyǒu **shítáng.**
쩌리 메이여우 스탕

这里没有食堂。

여기에 식당이 없습니다.

✎

---

2 **Nàli** méiyǒu **chēzhàn.**
나리 메이여우 처짠

那里没有车站。

저기에 역이 없습니다.

✎

---

3 **Jiàoshì lǐ** méiyǒu **rén.**
찌아오스 리 메이여우 런

教室里没有人。

교실 안에 사람이 없습니다.

✎

---

4 **Bīngxiāng lǐ shénme yě** méiyǒu**.**
삥시앙 리 션머 이에 메이여우

冰箱里什么也没有。

냉장고 안에 아무것도 없습니다.

✎

주어(장소)+有+목적어+吗?

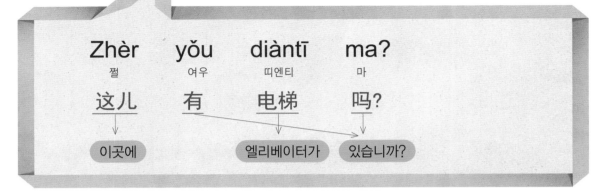

Zhèr　yǒu　diàntī　ma?
쩔　여우　띠엔티　마
这儿　有　电梯　吗?

이곳에　엘리베이터가　있습니까?

 존재를 나타내는 有(yǒu)의 의문문도 마찬가지로 문장 끝에 吗(ma)를 붙여서 표현합니다. 또한, 정반의문문을 만들 때 동사의 긍정형과 부정형의 병렬은 有没有(yǒu méiyǒu)가 됩니다.

---

1 **Zhèlǐ** yǒu **shítáng** ma?   여기에 식당이 있습니까?
쩌리 여우 스탕 마

这里有食堂吗?

✎

---

2 **Nàli** yǒu **chēzhàn** ma?   저기에 역이 있습니까?
나리 여우 처짠 마

那里有车站吗?

✎

---

3 **Zhèr** yǒu meiyǒu **diànshì**?   이곳에 텔레비전이 있습니까?
쩔 여우 메이여우 띠엔스

这儿有没有电视?

✎

---

4 **Gōngsī lǐ** yǒu meiyǒu **yínháng**?   회사 안에 은행이 있습니까?
꽁쓰 리 여우 메이여우 인항

公司里有没有银行?

✎

✏️ **우리말과 한자를 보고 병음과 성조를 써보세요.**

1 여기에 식당이 있습니다.
   这里有食堂。

   ➤

2 우리는 다섯 식구입니다.
   我家有五口人。

   ➤

3 저기에 역이 없습니다.
   那里没有车站。

   ➤

4 냉장고 안에 아무것도 없습니다.
   冰箱里什么也没有。

   ➤

5 여기에 식당이 있습니까?
   这里有食堂吗?。

   ➤

6 회사 안에 은행이 있습니까?
   公司里有没有银行?

   ➤

Answers 1. Zhèlǐ yǒu shítáng.   2. Wǒ jiā yǒu wǔ kǒu rén.   3. Nàli méi yǒu chēzhàn.
4. Bīngxiāng lǐ shénme yě méi yǒu.   5. Zhèlǐ yǒu shítáng ma?   6. Gōngsī lǐ yǒu meiyǒu yínháng?

16 ~은 ~에 있습니다

주어(사람)+在+목적어(장소)

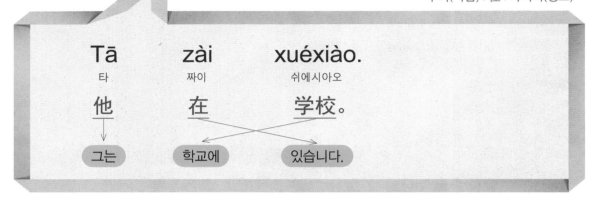

Tā   zài   xuéxiào.
타   짜이   쉬에시아오

他   在   学校。

그는   학교에   있습니다.

중국어에서 사람이나 사물이 어디에 있는지 나타낼 때에는 존재를 나타내는 동사 在(zài)를 사용합니다. 이 때에 장소를 나타내는 단어를 목적어로 하여 在(zài) 뒤에 붙이면 됩니다. 어순은 **주어(사람)+在+목적어(장소)** 가 되며, '**~은 ~에 있습니다**'의 뜻이 됩니다.

---

1   Lǎoshī zài jiàoshì lǐ.
　　라오스 짜이 찌아오스 리

　　老师在教室里。

선생님께서는 교실에 계십니다.

---

2   Māma zài chúfáng lǐ.
　　마마 짜이 추팡 리

　　妈妈在厨房里。

어머니는 주방에 계십니다.

---

3   Tā xiànzài zài gōngsī.
　　타 시엔짜이 짜이 꽁스

　　他现在在公司。

그는 지금 회사에 있습니다.

---

4   Xīngqītiān xiàwǔ wǒ zài jiā.
　　싱치티엔 시아우 워 짜이 찌아

　　星期天下午我在家。

일요일 오후에 저는 집에 있어요.

주어(사람)+不在+목적어(장소)

Tā búzài xuéxiào.
타 부짜이 쉬에시아오

他 不在 学校。

그는   학교에   없습니다.

 존재를 나타내는 동사 在(zài)의 부정은 不在(búzài)입니다. 따라서 부정형은 '**주어(사람)+不在+목적어(장소)**' 의 형식으로 '**~은 ~에 없습니다**' 의 뜻이 됩니다.

---

1 Lǎoshī búzài jiàoshì lǐ.
라오스 부짜이 지아오스 리

老师不在教室里。

선생님께서는 교실에
안 계십니다.

🖋

---

2 Māma búzài chúfáng lǐ.
마마 부짜이 추팡 리

妈妈不在厨房里。

어머니는 주방에
안 계십니다.

🖋

---

3 Tā xiànzài búzài gōngsī.
타 시엔짜이 부짜이 꽁쓰

他现在不在公司。

그는 지금 회사에 없습니다.

🖋

---

4 Xīngqītiān xiàwǔ wǒ búzài jiā.
싱치티엔 시아우 워 부짜이 찌아

星期天下午我不在家。

일요일 오후에 저는 집에
없습니다.

🖋

주어(사람)+在+목적어(장소)+吗?

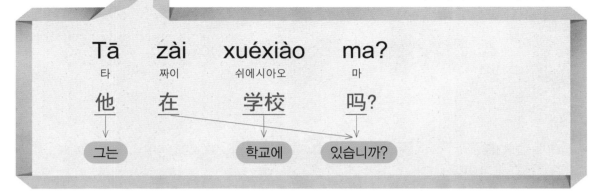

Tā   zài   xuéxiào   ma?
타   짜이   쉐에시아오   마

他   在   学校   吗?

그는   학교에   있습니까?

존재를 나타내는 在(zài)의 의문문도 마찬가지로 문장 끝에 吗(ma)를 붙여서 표현합니다. 또한, 정반의문문 을 만들 때 동사의 긍정형 在(zài)와 부정형 不在(búzài)를 병렬합니다.

---

1 Wáng xiānsheng zài ma?
왕 시엔성 짜이 마

王先生在吗?

왕선생님 계신가요?

✎

---

2 Tā xiànzài zài gōngsī ma?
타 시엔짜이 짜이 꽁쓰 마

他现在在公司吗?

그는 지금 회사에 있습니까?

✎

---

3 Tā zài buzài xuéxiào?
타 짜이 부짜이 쉐에시아오

他在不在学校?

그는 학교에 있습니까?

✎

---

4 Lǎoshī zài buzài jiàoshì lǐ?
라오스 짜이 부짜이 지아오스 리

老师在不在教室里?

선생님이 교실에 계신가요?

✎

문장연습 Check It Out!

✎ **우리말과 한자를 보고 병음과 성조를 써보세요.**

1 선생님께서는 교실에 계십니다.
老师在教室里

▶

2 그는 지금 회사에 있습니다.
他现在在公司。

▶

3 어머니는 주방에 안 계십니다.
妈妈不在厨房里。

▶

4 일요일 오후에 저는 집에 없습니다.
星期天下午我不在家。

▶

5 왕선생님 계신가요?
王先生在吗?

▶

6 그는 학교에 있습니까?
他在不在学校?

▶

Answers **1.** Lǎoshī zài jiàoshì lǐ. **2.** Tā xiànzài zài gōngsī. **3.** Māma búzài chúfáng lǐ.
4. Xīngqītiān xiàwǔ wǒ búzài jiā. **5.** Wáng xiānsheng zài ma? **6.** Tā zài buzài xuéxiào?

~是什么?

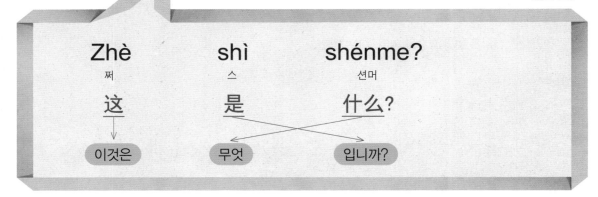

Zhè	shì	shénme?
쩌	스	션머
这	是	什么?
이것은	무엇	입니까?

什么(shénme)는 '무엇'이란 의미의 의문대명사로 '什么+명사'는 '어떤 ~'의 뜻으로 구체적인 내용을 물어볼 때 쓰이는 표현입니다.

---

1 **Zhè** shì shénme? 　　　　　　　　　이것은 무엇입니까?
쩌 스 션머

这是什么?

✏

---

2 **Zhè** shì shénme **shū**? 　　　　　　　이것은 무슨 책입니까?
쩌 스 션머 쑤

这是什么书?

✏

---

3 **Zhè** shì shénme **chá**? 　　　　　　　이것은 어떤 차입니까?
쩌 스 션머 차

这是什么茶?

✏

---

4 **Nǐ de àihào** shì shénme? 　　　　　당신 취미는 뭔가요?
니 더 아이하오 스 션머

你的爱好是什么?

✏

~在哪儿?

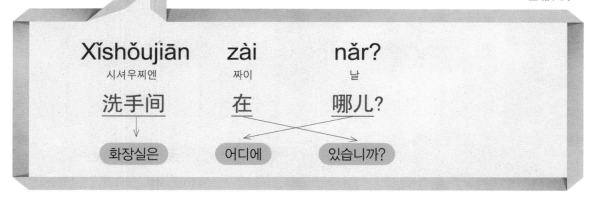

Xǐshǒujiān zài nǎr?
시셔우찌엔 짜이 날

洗手间 在 哪儿?

↓
화장실은   어디에   있습니까?

在(zài)는 동사로 쓰여 '~에 있습니다' 라는 뜻이고 哪儿(nǎr)은 '어디' 라는 뜻의 장소를 물어보는 의문사입니다. '**사물(사람)+在+장소**' 의 순서로 말합니다.

---

1 **Dìtiězhàn** zài nǎr?
띠티에짠 짜이 날

地铁站在哪儿?

지하철역은 어디에 있나요?

---

2 **Nǐ jiā** zài nǎr?
니 지아 짜이 날

你家在哪儿?

당신 집은 어디죠?

---

3 **Nǐ gēge** zài nǎr?
니 끄어거 짜이 날

你哥哥在哪儿?

당신 형은 어디 계세요?

---

4 **Bùzhǎng** zài nǎr?
뿌장 짜이 날

部长在哪儿?

부장님은 어디 계시죠?

什么时候~?

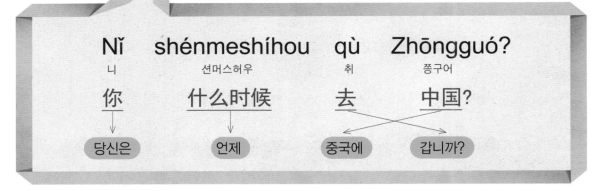

Nǐ shénmeshíhou qù Zhōngguó?
니 션머스허우 취 쯩구어
你 什么时候 去 中国?
당신은 / 언제 / 중국에 / 갑니까?

 什么时候(shénmeshíhou)는 '**언제**' 라는 뜻으로 대략적인 시간을 물어보는 의문사입니다. 이처럼 중국어에서는 '**언제**' 라는 뜻을 물을 때에는 什么时候(shénmeshíhou)를 사용합니다. 이때 대답에는 **什么时候** 자리에 시간을 나타내는 단어를 쓰면 됩니다.

---

1 Nǐ shénmeshíhou huíguó?　　　　　　　　당신은 언제 귀국하나요?
니 션머스허우 후에이구어

你什么时候回国?

---

2 Wǒ shénmeshíhou gěi nǐ dǎ diànhuà?　　제가 언제 전화 할까요?
워 션머스허우 게이 니 다 띠엔후아

我什么时候给你打电话?

---

3 Nǐmen xuéxiào shénmeshíhou kāixué?　　너희 학교는 언제 개학하니?
니먼 쉬에시아오 션머스허우 카이쉬에

你们学校什么时候开学?

---

4 Nǐ érzi shénmeshíhou bìyè?　　　　　　아드님은 언제 졸업하나요?
니 얼즈 션머스허우 삐이에

你儿子什么时候毕业?

✏️ **우리말과 한자를 보고 병음과 성조를 써보세요.**

1 이것은 어떤 차입니까?
这是什么茶?

➤

2 당신 취미는 뭔가요?
你的爱好是什么?

➤

3 당신 집은 어디죠?
你家在哪儿?

➤

4 부장님은 어디 계시죠?
部长在哪儿?

➤

5 당신은 언제 귀국하나요?
你什么时候回国?

➤

6 제가 언제 전화 할까요?
我什么时候给你打电话?

➤

Answers　1. Zhè shì shénme chá?　2. Nǐ de àihào shì shénme?　3. Nǐ jiā zài nǎr?　4. Bùzhǎng zài nǎr?
5. Nǐ shénme shíhou huíguó?　6. Wǒ shénmeshíhou gěi nǐ dǎ diànhuà?

为什么 ~?

Nǐ	wèishénme	bù	chī?
니	웨이션머	뿌	츠
你	为什么	不	吃?
↓	↓	↓	↓
당신은	왜	안	드세요?

为什么(wèishénme)는 '왜' 라는 뜻의 원인이나 이유를 묻는 의문사입니다. '왜냐하면' 이란 뜻의 因为 (yīnwèi)와 호응하여 자주 쓰이지만 말하는 상황에 따라 의미를 파악할 수 있다면 반드시 因为(yīnwèi)를 사용하여 대답할 필요는 없습니다.

---

1 Nǐ wèishénme bú qù?

니 웨이션머 부 취

你为什么不去?

당신은 왜 안 가나요?

---

2 Tā wèishénme méi shàngbān?

타 웨이션머 메이 샹빤

他为什么没上班?

그는 왜 출근하지 않았죠?

---

3 Nǐ wèishénme xué Hànyǔ?

니 웨이션머 쉬에 한위

你为什么学汉语?

당신은 왜 중국어를 공부하세요?

---

4 Nǐ wèishénme bù chī ròu?

니 웨이션머 뿌 츠 러우

你为什么不吃肉?

당신은 왜 고기를 안 먹죠?

怎么 ~?

Tā zěnme méi lái?
타 전머 메이 라이
他 怎么 没 来?
그는 / 왜 / 안 / 왔습니까?

为什么(wèishénme)와 怎么(zěnme) 모두 이유를 물어보는 의문사입니다. 为什么가 '왜' 라는 뜻의 객관적인 이유나 원인을 묻는 표현인데 반해 怎么는 '무엇 때문에, 어째서' 란 뜻으로 상황이나 원인을 물어보는 표현입니다.

1
Nǐ zěnme yòu chídào le?
니 전머 여우 츠따오 러
你怎么又迟到了？
당신 어째서 또 늦었어요?

2
Nǐ zěnme méi gěi wǒ dǎ diànhuà?
니 전머 메이 게이 워 다 띠엔후아
你怎么没给我打电话？
당신 왜 내게 전화 안했죠?

3
Nǐ zěnme wàng le?
니 전머 왕 러
你怎么忘了？
당신 어째서 잊었어요?

4
Tā zěnme kū le?
타 전머 쿠 러
她怎么哭了？
그녀는 왜 울었나요?

怎么 ~?

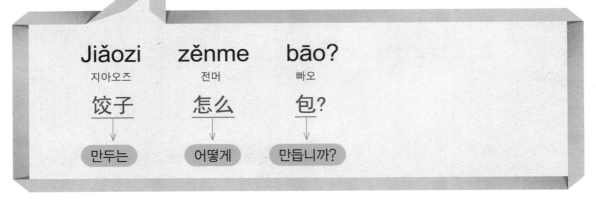

	Jiǎozi	zěnme	bāo?
	지아오즈	전머	빠오
	饺子	怎么	包?
	↓	↓	↓
	만두는	어떻게	만듭니까?

怎么(zěnme)는 원인이나 이유를 묻는 것으로 쓰이며 우리말에서 '**왜**', '**어째서**'의 뜻에 해당하지만, 여기서의 怎么(zěnme)는 '**어떻게**'란 뜻으로 방법이나 방식을 묻는 의문사입니다. 보통 '**怎么＋동사**'의 형태로 쓰입니다.

---

1 **Nǐmen** zěnme **qù?**
니먼 전머 취

你们怎么去?

🖎

당신들은 어떻게 가세요?
(무엇을 타고)

---

2 **Zhège cài** zěnme **chī?**
쩌거 차이 전머 츠

这个菜怎么吃?

🖎

이 음식은 어떻게 먹나요?

---

3 **Zhège zì** zěnme **niàn?**
쩌거 쯔 전머 니엔

这个字怎么念?

🖎

이 글자는 어떻게 읽나요?

---

4 **Zhège yòng Hànyǔ** zěnme **shuō?**
쩌거 용 한위 전머 쑤어

这个用汉语怎么说?

🖎

이것은 중국어로 어떻게 말하나요?

문장연습 Check It Out!

✎ **우리말과 한자를 보고 병음과 성조를 써보세요.**

1   당신은 왜 안 가나요?
　　你为什么不去?

　➤

2   당신은 왜 중국어를 공부하세요?
　　你为什么学汉语?

　➤

3   당신 어째서 잊었어요?
　　你怎么忘了?

　➤

4   그녀는 왜 울었나요?
　　她怎么哭了?

　➤

5   이 음식은 어떻게 먹나요?
　　这个菜怎么吃?

　➤

6   이 글자는 어떻게 읽나요?
　　这个字怎么念?

　➤

Answers **1.** Nǐ wèishénme bú qù?　**2.** Nǐ wèishénme xué Hànyǔ?　**3.** Nǐ zěnme wàng le?　**4.** Tā zěnme kū le?
5. Zhège cài zěnme chī?　**6.** Zhège zì zěnme niàn?

~是谁?

Tā   shìshuí?
타   스수에이

她   是谁?
↓   ↓
그녀는 누구입니까?

 '~是谁(shìshuí)?' 는 '~는 누구입니까?' 란 표현으로 谁(shuí)는 '누구' 라는 뜻의 사람을 묻는 의문사입니다. 반면 '~는 누구의 것입니까?' 라고 물어볼 때는 '~是谁的(shìshuíde)?' 라고 합니다.

---

1 Tā shìshuí?   그는 누구인가요?
타 스스웨이

他是谁?

✐

---

2 Nà ge rén shìshuí?   저 사람은 누구죠?
나 거 런 스수에이

那个人是谁?

✐

---

3 Zhè běn shū shìshuí de?   이 책은 누구 건가요?
쩌 번 쑤 스수에이 더

这本书是谁的?

✐

---

4 Zhè shìshuí de yǔsǎn?   이것은 누구 우산이죠?
쩌 스수에이 더 위싼

这是谁的雨伞?

✐

几月 几号, 星期几?

Míngtian	**jǐyuè**	**jǐhào,**	**xīngqījǐ?**
밍티엔	지위에	지하오	싱치지
明天	几月	几号,	星期几?
내일은	몇 월	며칠	무슨 요일입니까?

几月(jǐyuè), 几号(jǐhào), 星期几(xīngqījǐ)는 월, 일, 요일을 묻는 표현으로 几(jǐ)는 10보다 적은 수를 물어
보는 의문사입니다.

1 **Míngtiān** jǐhào?
밍티엔 지하오

明天几号?

✏

내일이 며칠이죠?

2 **Xià xīngqītiān** jǐhào?
시아 싱치티엔 지하오

下星期天几号?

✏

다음 주 일요일은 며칠인가
요?

3 **Jīntiān** xīngqījǐ?
진티엔 싱치지

今天星期几?

✏

오늘은 무슨 요일이죠?

4 **Nǐde shēngrì shì** jǐyuè?
니더 셩르 스 지위에

你的生日是几月?

✏

당신의 생일은 몇 월입니
까?

201

27 몇 시입니까?

几点?

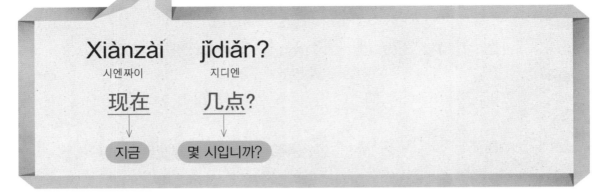

Xiànzài jǐdiǎn?
시엔짜이 지디엔

现在   几点?

↓   ↓

지금   몇 시입니까?

 几点(jǐdiǎn)은 '**몇 시**'라는 뜻으로 시간을 묻는 말입니다. 기본어순은 '**주어+是+几点?**' 이지만, 是(shì)는 생략해도 됩니다. '**몇 시에 ~합니까?**'라고 물어보려면 '**주어+几点+동사?**' 순서로 말합니다.

---

1 **Nǐ** jǐdiǎn **chūqu?**
니 지디엔 추취

你几点出去?

당신 몇 시에 외출하세요?

---

2 **Nǐ měitiān** jǐdiǎn **qǐchuáng?**
니 메이티엔 지디엔 치추앙

你每天几点起床?

당신은 매일 몇 시에 일어나세요?

---

3 **Nǐ** jǐdiǎn **shàngbān?**
니 지디엔 샹빤

你几点上班?

당신 몇 시에 출근해요?

---

4 **Fēijī** jǐdiǎn **dào?**
페이지 지디엔 따오

飞机几点到?

비행기는 몇 시에 도착합니까?

202

문장연습 Check It Out!

✎ **우리말과 한자를 보고 병음과 성조를 써보세요.**

1 그는 누구인가요?
他是谁?

➤

2 이 책은 누구 건가요?
这本书是谁的?

➤

3 다음 주 일요일은 며칠인가요?
下星期天几号?

➤

4 당신의 생일은 몇 월입니까?
你的生日是几月?

➤

5 당신 몇 시에 외출하세요?
你几点出去?

➤

6 비행기는 몇 시에 도착합니까?
飞机几点到?

➤

Answers 1. Tā shìshuí? 2. Zhè běn shū shìshuí de? 3. Xià xīngqītiān jǐhào? 4. Nǐde shēngrì shì jǐyuè?
5. Nǐ jǐdiǎn chūqu? 6. Fēijī jǐdiǎn dào?

28 ～하고 싶습니다

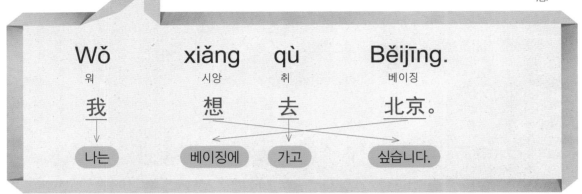

Wǒ	xiǎng	qù	Běijīng.
워	시앙	취	베이징
我	想	去	北京。
나는	베이징에	가고	싶습니다.

 想(xiǎng)이 동사로 쓰이면 **'생각하다, 보고 싶다'** 라는 의미입니다. 하지만 想(xiǎng)이 조동사로 쓰이면 **'～하고 싶습니다'** 라는 주관적 바람을 나타내며 문장에서 동사 앞에 옵니다.

1 Wǒ xiǎng hē yì bēi kāfēi.
워 시앙 흐어 이 뻬이 카페이

我想喝一杯咖啡。

나는 커피 한 잔 마시고 싶습니다.

2 Wǒ xiǎng kàn diànyǐng.
워 시앙 칸 띠엔잉

我想看电影。

나는 영화를 보고 싶습니다.

3 Tā xiǎng qù Zhōngguó.
타 시앙 취 쫑구어

他想去中国。

그는 중국에 가고 싶어 합니다.

4 Wǒ xiǎng xué Yīngyǔ.
워 시앙 쉬에 잉위

我想学英语。

나는 영어를 공부하고 싶습니다.

不想 ~

Wǒ bùxiǎng qù Běijīng.
워 뿌시앙 취 베이징
我 不想 去 北京。

나는 / 베이징에 / 가고 / 싶지 않습니다.

 동사 앞에서 조동사로 쓰이며 주관적 바람을 나타내는 想(xiǎng)의 부정형은 不想(bùxiǎng)으로 우리말의 '~하고 **싶지 않습니다**' 라는 의미를 나타냅니다. 이처럼 부정을 나타내는 不想(bùxiǎng)도 동사 앞에 놓입니다.

---

1 Wǒ bùxiǎng hē yì bēi kāfēi.
워 뿌시앙 흐어 이 뻬이 카페이

我不想喝咖啡。

나는 커피를 마시고 싶지 않습니다.

---

2 Wǒ bùxiǎng kàn diànyǐng.
워 뿌시앙 칸 띠엔잉

我不想看电影。

나는 영화를 보고 싶지 않습니다.

---

3 Tā bùxiǎng qù Zhōngguó.
타 뿌시앙 취 쫑구어

他不想去中国。

그는 중국에 가고 싶어 하지 않습니다.

---

4 Wǒ bùxiǎng xué Yīngyǔ.
워 뿌시앙 쉬에 잉위

我不想学英语。

나는 영어를 공부하고 싶지 않습니다.

30 ~하고 싶습니까?

想 ~吗?

Nǐ xiǎng qù Běijīng ma?
니 시앙 취 베이징 마
你 想 去 北京 吗?

당신은 / 베이징에 / 가고 싶습니까?

주관적 바람을 나타내는 想(xiǎng)의 가장 간단한 의문문은 문장 끝에 의문을 나타내는 吗(ma)를 접속하여 표현합니다. 또한, 정반의문문인 긍정형 想(xiǎng)과 부정형 不想(bù xiǎng)을 병렬하여 의문을 나타내기도 합니다.

---

1 Nǐ xiǎng chī shénme?
니 시앙 츠 션머

你想吃什么?

당신은 뭘 먹고 싶어요?

---

2 Nǐ xiǎng qù páshān ma?
니 시앙 취 파샨 마

你想去爬山吗?

등산 가고 싶으세요?

---

3 Nǐ xiǎng bùxiǎng kàn diànshì?
니 시앙 뿌시앙 칸 띠엔스

你想不想看电视?

텔레비전 보고 싶지 않아요?

---

4 Nǐ xiǎng bùxiǎng qù Běijīng?
니 시앙 뿌시앙 취 베이징

你想不想去北京?

당신은 베이징에 가고 싶습니까?

✏ 우리말과 한자를 보고 병음과 성조를 써보세요.

1 나는 커피 한 잔 마시고 싶습니다.
我想喝一杯咖啡。

➤

2 그는 중국에 가고 싶어 합니다.
他想去中国。

➤

3 나는 영화를 보고 싶지 않습니다.
我不想看电影。

➤

4 나는 영어를 공부하고 싶지 않습니다.
我不想学英语。

➤

5 당신은 뭘 먹고 싶어요?
你想吃什么？

➤

6 텔레비전 보고 싶지 않아요?
你想不想看电视？

➤

Answers 1. Wǒ xiǎng hē yì bēi kāfēi.   2. Tā xiǎng qù Zhōngguó.   3. Wǒ bù xiǎng kàn diànyǐng.
4. Wǒ bùxiǎng xué Yīngyǔ.   5. Nǐ xiǎng chī shénme?   6. Nǐ xiǎng bùxiǎng kàn diànshì?

31 ~을 좋아합니다

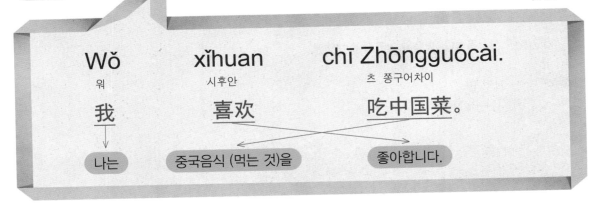

喜欢(xǐhuan)은 '좋아하다' 란 뜻으로 사람이나 대상을 좋아하는 의미 외에도 '어떤 일을 하는 것을 좋아한다' 는 의미로도 쓰입니다. 어순은 '주어+喜欢+명사/동사구' 로 '~은 ~을(하는 것)을 좋아합니다' 의 뜻이 됩니다.

1 **Wǒ xǐhuan māo.**
워 시후안 마오

我喜欢猫。

나는 고양이를 좋아해요.

2 **Wǒ hěn xǐhuan Běijīng.**
워 흐언 시후안 베이징

我很喜欢北京。

나는 베이징을 좋아합니다.

3 **Wǒ xǐhuan qiūtiān.**
워 시후안 치우티엔

我喜欢秋天。

나는 가을을 좋아합니다.

4 **Wǒ bàba xǐhuan huà huàr.**
워 빠바 시후안 후아 후알

我爸爸喜欢画画儿。

저희 아버지는 그림 그리는 걸 좋아하세요.

不喜欢 ~

Wǒ   bùxǐhuan   chī Zhōngguócài.
워   뿌시후안   츠 쫑국어차이

我   不喜欢   吃中国菜。

나는   중국음식 (먹는 것)을   좋아하지 않습니다.

어떤 대상이나 어떤 일을 하는 것을 좋아한다는 의미로 쓰이는 喜欢(xǐhuan)의 부정형은 不喜欢(bù xǐhuan)으로, 어순은 '**주어+不喜欢+명사/동사구**' 이며 '**~은 ~(하는 것)을 좋아하지 않습니다**' 라는 뜻이 됩니다.

---

1   Wǒ bùxǐhuan māo.
워 뿌시후안 마오

我不喜欢猫。

나는 고양이를 좋아하지 않습니다.

---

2   Wǒ bùxǐhuan chī Rìběncài.
워 뿌시후안 츠 르번차이

我不喜欢吃日本菜。

저는 일본음식 (먹는 것)을 좋아하지 않습니다.

---

3   Wǒ bùxǐhuan qiūtiān.
워 뿌시후안 치우티엔

我不喜欢秋天。

나는 가을을 좋아하지 않습니다.

---

4   Wǒ bàba bùxǐhuan huà huàr.
워 빠바 뿌시후안 후아 후알

我爸爸不喜欢画画儿。

저희 아버지는 그림 그리는 걸 좋아하지 않습니다.

喜欢 ～吗?

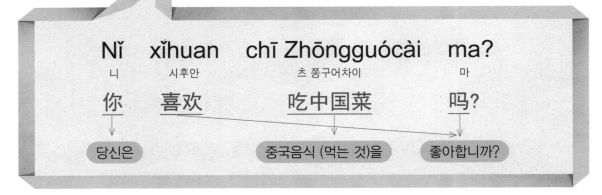

Nǐ   xǐhuan   chī Zhōngguócài   ma?
니   시후안   츠 쫑구어차이   마

你 喜欢 吃中国菜 吗?

당신은 ⟶ 중국음식 (먹는 것)을 ⟶ 좋아합니까?

 어떤 대상이나 어떤 일을 하는 것을 좋아한다는 의미로 쓰이는 喜欢(xǐhuan)의 가장 간단한 의문문은 문장 끝에 의문을 나타내는 吗(ma)를 접속하여 표현합니다. 또한, 정반의문문인 긍정형 喜欢(xǐhuan)과 부정형 不喜欢(bù xǐhuan)을 병렬하여 의문을 나타내기도 합니다.

---

1 Nǐ xǐhuan diànyǐng ma?
니 시후안 띠엔잉 마

你喜欢电影吗?

당신은 영화를 좋아합니까?

---

2 Nǐ xǐhuan diàoyú ma?
니 시후안 띠아오위 마

你喜欢钓鱼吗?

당신은 낚시질을 좋아하십니까?

---

3 Nǐ xǐhuan chī shénme cài?
니 시후안 츠 션머 차이

你喜欢吃什么菜?

당신은 어떤 음식을 좋아하세요?

---

4 Nǐ xǐhuan bùxǐhuan kàn xiǎoshuō?
니 시후안 뿌시후안 칸 시아오수어

你喜欢不喜欢看小说?

당신은 소설 읽는 것을 좋아하나요?

문장연습 Check It Out!

✏️ **우리말과 한자를 보고 병음과 성조를 써보세요.**

1 나는 고양이를 좋아해요.
我喜欢猫。

2 나는 가을을 좋아합니다.
我喜欢秋天。

3 저는 일본음식 (먹는 것)을 좋아하지 않습니다.
我不喜欢吃日本菜。

4 저희 아버지는 그림 그리는 걸 좋아하지 않습니다.
我爸爸不喜欢画画儿。

5 당신은 영화를 좋아합니까?
你喜欢电影吗?

6 당신은 소설 읽는 것을 좋아하나요?
你喜欢不喜欢看小说?

Answers **1.** Wǒ xǐhuan māo. **2.** Wǒ xǐhuan qiūtiān. **3.** Wǒ bùxǐhuan chī Rìběn cài. **4.** Wǒ bàba bùxǐhuan huà huàr. **5.** Nǐ xǐhuan diànyǐng ma? **6.** Nǐ xǐhuan bùxǐhuan kàn xiǎoshuō?

我要 ~

Wǒ yào	yì píng	píjiǔ.
워 야오	이 핑	피지우
我 要	一 瓶	啤酒。
맥주	한 병	주세요.

要(yào)는 동사로 쓰여 '**필요하다, 원하다**' 라는 뜻이므로 '我要(wǒyào)~' 는 '**나는 ~을 원합니다**' 라는
표현입니다. 물건을 사거나 주문할 때 이 표현을 사용하면 '**~해 주세요**' 라는 뜻으로 쓰입니다.

---

1 Wǒ yào **zhège.**
워 야오 쩌거

我要这个。

✎

이것을 주세요.

---

2 Wǒ yào **guǒzhī.**
워 야오 꾸어쯔

我要果汁。

✎

과일주스 주세요.

---

3 Wǒ yào **yì bēi kāfēi.**
워 야오 이 뻬이 카페이

我要一杯咖啡。

✎

커피 한 잔 주세요.

---

4 Wǒ yào **liǎng zhāng diànyǐngpiào.**
워 야오 리앙 짱 띠엔잉피아오

我要两张电影票。

✎

영화표 두 장 주세요.

你要 ~?

Nǐ yào　　　chá　ma?
니 야오　　차　마
你要　　茶　吗?

차

드릴까요?

 상대에게 뭔가를 요구할 때 쓰이는 '你要(Nǐ yào)~' 로 나타내며 뒤에 의문사 什么(shénme)가 오면 '**무엇을 원하십니까?**' 라는 뜻이 됩니다. 또한, 정반의문문인 긍정형 要(yào)와 부정형 不要(búyào)를 병렬하여 의문을 나타내기도 합니다.

1　Nǐ yào shénme?
　　니 야오 션머
　　你要什么?

무엇을 주문하시겠어요?

2　Nǐ yào hē shénme?
　　니 야오 흐어 션머
　　你要喝什么?

당신은 무엇을 마시겠습니까?

3　Nǐ yào buyào píngguǒ?
　　니 야오 부야오 핑구어
　　你要不要苹果?

사과를 원하세요?

4　Nǐ yào buyào hē pútáozhī?
　　니 야오 부야오 흐어 푸타오쯔
　　你要不要喝葡萄汁?

포도 주스를 마시겠습니까?

不要 ~

Búyào   dānxīn.
부야오   딴신

不要   担心。

걱정하지   마세요.

'**필요하다, 원하다**' 란 의미의 要(yào)를 부정한 不要(búyào)는 '**필요하지 않다, 원하지 않다**' 란 의미이지만, 여기에서처럼 不要(búyào)는 '**~하지 마세요**' 라는 금지의 표현으로도 사용할 수 있습니다.

---

1 Búyào páizhào.
부야오 파이짜오

不要拍照。

사진 찍지 말아요.

---

2 Búyào chídào.
부야오 츠따오

不要迟到。

지각하지 마세요.

---

3 Búyào gàosu tā.
부야오 까오수 타

不要告诉他。

그에게 알리지 말아요.

---

4 Wǒ búyào xiāngcài.
워 부야오 시앙차이

我不要香菜。

향채는 넣지 마세요.

✎ **우리말과 한자를 보고 병음과 성조를 써보세요.**

1   이것을 주세요.
    我要这个。

    ➤

2   커피 한 잔 주세요.
    我要一杯咖啡。

    ➤

3   당신은 무엇을 마시겠습니까?
    你要喝什么?

    ➤

4   사과를 원하세요?
    你要不要苹果?

    ➤

5   지각하지 마요.
    不要迟到。

    ➤

6   그에게 알리지 말아요.
    不要告诉他。

    ➤

Answers 1. Wǒ yào zhè ge.   2. Wǒ yào yì bēi kāfēi.   3. Nǐ yào hē shénme?   4. Nǐ yào buyào píngguǒ?
5. Búyào chídào.   6. Búyào gàosu tā.

请 ~

Qǐng   zuò.
칭   쭈어

请 坐。
↓
앉으세요.

 请(qǐng)은 '~하세요, ~해 주세요'란 뜻으로 상대방에게 무엇인가를 부탁할 때 쓰는 공손한 표현입니다. 높임말이 다양하지 않은 중국어에서 请(qǐng)으로 시작하는 표현은 매우 유용하게 쓰입니다. 어순은 부탁하는 내용 앞에 请(qǐng)을 더하면 됩니다.

---

1 Qǐng jìn.
칭 찐

请进。

들어오세요.

---

2 Qǐng děng yíxià.
칭 덩 이시아

请等一下。

잠시 기다려주세요.

---

3 Qǐng zài shuō yíbiàn.
칭 짜이 쑤어 이삐엔

请再说一遍。

다시 한 번 말씀해주세요.

---

4 Qǐng màn diǎnr shuō.
칭 만 디알 쑤어

请慢点儿说。

조금 천천히 말씀해주세요.

请给我 ~

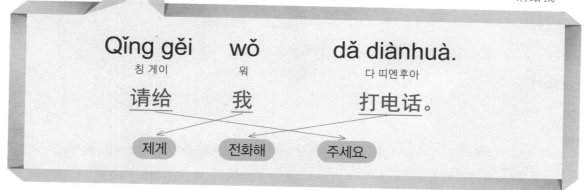

Qǐng gěi wǒ dǎ diànhuà.
칭 게이   워   다 띠엔후아
请给   我   打电话。

제게   전화해   주세요.

请给我(qǐng gěi wǒ)는 '**나에게 ~해 주세요**'라는 표현입니다. 이때 给(gěi)는 전치사로 '**~에게**'라는 대상을 나타내는 말입니다. 어순은 请给我 다음에 동사나 '**동사+목적어구**'가 옵니다.

---

1   Qǐng gěi wǒ **kàn yíxià**.
칭 게이 워 칸 이시아

请给我**看一下**。

제게 한번 보여주세요.

---

2   Qǐng gěi wǒ **bāozhuāng yíxià**.
칭 게이 워 빠오쭈앙 이시아

请给我**包装一下**。

포장해주세요.

---

3   Qǐng gěi wǒ **fā diànzǐ yóujiàn**.
칭 게이 워 파 띠엔즈 여우지엔

请给我**发电子邮件**。

제게 이메일 보내주세요.

---

4   Qǐng gěi wǒ **kànkan nǐ de shǒujī**.
칭 게이 워 칸칸 니 더 셔우지

请给我**看看你的手机**。

당신 휴대폰 좀 보여주세요.

(我们) ~ 吧

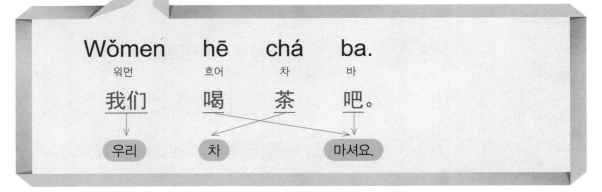

제안하는 내용의 문장 끝에 吧(ba)가 오면 '~합시다, ~하세요'의 뜻으로 가벼운 명령이나 제안의 표현이 됩니다. 이 제안을 수락한다면 好啊(hǎoa), 行(xíng) 등으로 대답합니다.

1 Wǒmen yìqǐ qù ba.
워먼 이치 취 바

我们一起去吧。

우리 같이 가요.

2 Wǒmen xiūxi yíhuìr ba.
워먼 시우시 이후알 바

我们休息一会儿吧。

우리 잠시 쉽시다.

3 Zánmen yìqǐ zhào zhāng xiàng ba.
짠먼 이치 자오 쨩 시앙 바

咱们一起照张相吧。

우리 같이 사진 찍어요.

4 Gǎitiān zài tán ba.
가이티엔 짜이 탄 바

改天再谈吧。

다음에 다시 얘기합시다.

문장연습 Check It Out!

✏️ **우리말과 한자를 보고 병음과 성조를 써보세요.**

1   잠시 기다려주세요.
　　　请等一下。

　　▶

2   다시 한 번 말씀해주세요.
　　　请再说一遍。

　　▶

3   제게 한번 보여주세요.
　　　请给我看一下。

　　▶

4   포장해주세요.
　　　请给我包装一下。

　　▶

5   우리 같이 가요.
　　　我们一起去吧。

　　▶

6   우리 잠시 쉽시다.
　　　我们休息一会儿吧。

　　▶

Answers **1.** Qǐng děng yíxià. **2.** Qǐng zài shuō yíbiàn. **3.** Qǐng gěi wǒ kàn yíxià.
          4. Qǐng gěi wǒ bāozhuāng yíxià. **5.** Wǒmen yìqǐ qù ba. **6.** Wǒmen xiūxi yíhuìr ba.

40 ~해도 됩니까?

可以 ~吗?

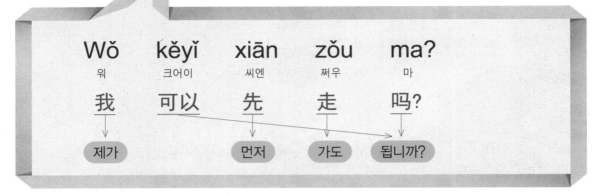

'可以 ~吗?'는 '~해도 됩니까?'란 표현입니다. 可以(kěyǐ)는 가능이나 능력, 허가를 나타내는 조동사로, 먼저 용건을 말하고 可以吗(kěyǐma)?라고 덧붙이면 상대방의 허가를 구하는 의미가 됩니다.

---

1 Zhèr kěyǐ chōuyān ma?
쩔 크어이 처우이엔 마

这儿可以抽烟吗?

이곳에서 담배 피워도 됩니까?

---

2 Wǒ kěyǐ jìnqù ma?
워 크어이 찐취 마

我可以进去吗?

제가 들어가도 되나요?

---

3 Zuò zhèr kěyǐ ma?
쭈어 쩔 크어이 마

坐这儿可以吗?

여기 앉아도 됩니까?

---

4 Yòng xìnyòngkǎ fù, kěyǐ ma?
용 신용카 푸, 크어이 마

用信用卡付, 可以吗?

신용카드로 계산해도 되나요?

(不) 会 ~

Wǒ	huìshuō	Hànyǔ.
워	후에이수어	한위
我	会说	汉语。
나는	중국어를	할 줄 압니다.

 조동사로 쓰인 会(huì)는 '~할 수 있다, ~ 할 줄 알다'란 의미로 학습을 통해 배워서 할 수 있는 것을 말합니다. '아주 잘하다' 라고 강조하고 싶으면 앞에 很(hěn)이나 真(zhēn)을 붙여 '很会(hěnhuì) ~' 혹은 '真会(zhēnhuì) ~' 라고 표현합니다.

---

1 Wǒ huì kāichē.
워 후에이 카이처

我会开车。

🖊

나는 운전할 줄 압니다.

---

2 Wǒ huì shuō yìdiǎnr Yīngyǔ.
워 후에이 쑤어 이디알 잉위

我会说一点儿英语。

🖊

나는 영어를 조금 말할 수 있습니다.

---

3 Wǒ búhuì yóuyǒng.
워 부후에이 여우용

我不会游泳。

🖊

나는 수영을 할 줄 모릅니다.

---

4 Wǒ búhuì shuō Hànyǔ.
워 부후에이 쑤어 한위

我不会说汉语。

🖊

나는 중국어를 말할 줄 모릅니다.

(不)能 ~

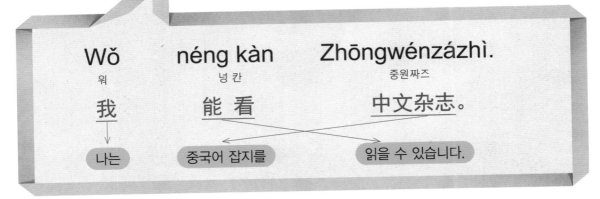

Wǒ   néng kàn   Zhōngwénzázhì.
워   넝 칸   중원짜즈

我   能 看   中文杂志。

나는   중국어 잡지를   읽을 수 있습니다.

앞서 배운 会(huì)가 배워서 할 수 있다는 뜻인데 반해 能(néng)은 '~할 수 있다' 란 뜻의 구체적인 능력이나 가능성을 나타내는 조동사입니다.

---

1 Wǒ néng yóu yì bǎi mǐ.
워 넝 여우 이 바이 미

我能游一百米。

나는 100m를 수영할 수 있습니다.

---

2 Jīntiān wǒ bù kāichē, néng hē jiǔ.
찐티엔 워 뿌 카이처, 넝 흐어 지우

今天我不开车，能喝酒。

오늘 나는 운전을 안 해서 술을 마실 수 있습니다.

---

3 Wǒ bùnéng kàn Yīngwénbào.
워 뿌넝 칸 잉원빠오

我不能看英文报。

나는 영자신문을 볼 수 없습니다.

---

4 Xià dàyǔ le, tā bùnéng lái le.
씨아 따위 러, 타 뿌넝 라이 러

下大雨了，她不能来了。

비가 많이 와서 그녀는 올 수 없습니다.

✎ **우리말과 한자를 보고 병음과 성조를 써보세요.**

1 이곳에서 담배 피워도 됩니까?
这儿可以抽烟吗?

▶

2 여기 앉아도 됩니까?
坐这儿可以吗?

▶

3 나는 운전할 줄 압니다.
我会开车。

▶

4 나는 수영을 할 줄 모릅니다.
我不会游泳。

▶

5 나는 100m를 수영할 수 있습니다.
我能游一百米。

▶

6 나는 영자신문을 볼 수 없습니다.
我不能看英文报。

▶

Answers 1. Zhèr kěyǐ chōuyān ma? 2. Zuò zhèr kěyǐ ma? 3. Wǒ huì kāichē. 4. Wǒ búhuì yóuyǒng.
5. Wǒ néng yóu yì bǎi mǐ. 6. Wǒ bùnéng kàn Yīngwénbào.